AF142347

Christoph Martin Wieland

Sämtliche Werke, Singspiele und Abhandlungen

Christoph Martin Wieland

Sämtliche Werke, Singspiele und Abhandlungen

ISBN/EAN: 9783743363625

Hergestellt in Europa, USA, Kanada, Australien, Japan

Cover: Foto ©ninafisch / pixelio.de

Manufactured and distributed by brebook publishing software (www.brebook.com)

Christoph Martin Wieland

Sämtliche Werke, Singspiele und Abhandlungen

C. M. WIELANDS

SÄMMTLICHEWERKE

SECHS UND ZWANZIGSTER BAND

SINGSPIELE UND ABHANDLUNGEN.

LEIPZIG

BEY GEORG JOACHIM GÖSCHEN. 1796.

Inhalt.

Inhalt.

————

A L C E S T E.

EIN LUSTSPIEL IN FÜNF AUFZÜGEN.

In Musik gesetzt von Anton Schweitzer

und

in den Jahren 1773 und 74 auf dem Weimarischen Hoftheater aufgeführt.

PERSONEN.

ADMET, König von Ferä in Thessalien.

ALCESTE, seine Gemahlin.

PARTHENIA, ihre Schwester.

HERKULES.

Kinder, Frauen der Alceste und Diener Admets, als stumme Personen.

Ein Kor männlicher und weiblicher Hausgenossen im fünften Aufzuge.

Der Schauplatz ist im Palast Admets.

ERSTER AUFZUG.

Ein Vorsahl an Alcostens Zimmer.

ERSTE SCENE.

ALCESTE allein.

Er ist gekommen,
Der Bote, der die Antwort mir des Gottes
Von Delfi briugt. Ich wagt' es nicht
Ihn anzuhören, ach! — ich wagt' es nicht
Die Augen zu ihm aufzuheben.
An seinen Lippen hängt
Dein Schicksal, mein Admet! — das Schicksal deiner Gattin!
ner Gattin!
O gute Götter, habt ihr jemahls
Der frommen Liebe Flehn euch rühren lassen,

So hört mich, Götter! rettet, rettet ihn!
Wo nicht, so lasset mich mit ihm erblassen!

Zwischen Angst und zwischen Hoffen
Schwankt mein Leben, wie im Rachen
Der empörten Flut ein Nachen
Ängstlich zwischen Klippen treibt.

Der Donner rollt, die Winde brausen,
Die aufgewühlten Wogen kochen;
Rings um mich her ist Nacht und Grau-
sen!
Diefs Herz, ein Herz das nichts ver-
brochen,
Ist alles was mir übrig bleibt!
Zwischen Angst und zwischen Hoffen
Schwankt mein Leben, wie im Rachen
Der empörten Flut ein Nachen
Ängstlich zwischen Klippen treibt.

ZWEYTE SCENE.

ALCESTE, PARTHENIA.

ALCESTE.

Parthenia! — Gott!

Wie blaſs iſt ihre Wange!

Sie bebt! — O Schweſter, laſs mich nicht

In dieſer Ungewiſsheit! Hat Apollo

Mein Urtheil ausgesprochen? Rede, rede!

Bringſt du mir Leben oder Tod?

PARTHENIA

mit weggewandtem Gesicht und erstickter Stimme.

Ach Schweſter!

ALCESTE.

Was ſagſt du? Muſs er ſterben?

PARTHENIA.

Unerbittlich,

Ach! unerbittlich ſind die furchtbar'n Töchter

Des Erebus! Schon ſtreckcſ Atropos

Die ſchwarze Hand — Bald wird der Faden ſeines

Lebens

Durchschnitten ſeyn —

ALCESTE

indem sie kraftlos auf einen Lehnstuhl sinkt.

Ihr Götter!

PARTHENIA.

Fasse dich, Geliebte!
Noch schimmert uns
Ein Strahl von Hoffnung; noch
Lebt dein Admet, und soll
Bis an das fernste Ziel der Menschheit leben,
Wenn jemand sich entschliefst
Für ihn sich hinzugeben.

ALCESTE.

Parthenia, sprichst du wahr?

PARTHENIA.

Apollo spricht's aus meinem Munde.

ALCESTE.

Und zweifelst du, ob jemand ist
Der sich entschliefse für Admet zu sterben?

PARTHENIA.

O Schwester, welch ein Mittel ihn zu retten!
Wer wird die Liebe, wer die Grofsmuth bis
Zu diesem Grad der Höhe treiben?

Sein Vater selbst, der abgelebte Greis,
Der lebendtodt ein freudeleeres Daseyn
Vielleicht noch wenig Tage schleppen wird,
Sein Vater selbst
Kann zu der edeln That sich nicht entschließen.
Wir flehten ihm, umfaßten seine Knie,
Beschworen ihn! Umsonst! gefühllos, taub,
Taub wie ein Marmor, blieb er unserm Flehen.

ALCESTE.

Das Alter hat in seiner kalten Brust
Die Quelle der Empfindung aufgetrocknet.
Doch, klage nicht, Parthenia! — Mein Admet
Wird leben! lebt in diesem Augenblick
Schon wieder auf! — Es ist gefunden,
Das Opfer, das für ihn der Parzen Zorn versöhnt.

PARTHENIA.

Es ist gefunden, sagst du? — sagst es mir so
ernst
Und so gelassen! — Götter, welche Ahnung
Weckt diese furchtbare Gelassenheit
In meinem Busen? — Liebste Schwester!
Welch ein Entschluß —

ALCESTE.

Er ist gefaßt!

Ihr Götter der Hölle,

Ihr furchtbaren Schatten,

O! schonet den Gatten!

Hier bin ich, und stelle

Zum Opfer mich dar.

Kniend.

Euch weih' ich mein Leben! —

Sie erhebt sich wieder.

Sie haben's vernommen!

Sie kommen, sie kommen!

Ich höre das Schweben

Der schwarzen Gefieder.

Sie steigen hernieder!

Sie hohlen das Opfer

Zum Todesaltar!

Ihr Götter der Hölle,

Ihr furchtbaren Schatten,

O! schonet den Gatten!

Hier bin ich, und stelle

Zum Opfer mich dar!

PARTHENIA.

O gute Götter, höret nicht
Was in der Angst der zärtlichen Verzweiflung
Ein liebekrankes Herz euch angelobt! —
Komm, liebste Schwester, komm in meine Arme!
Komm zu dir selbst zurück! — Besinne dich,
Alceste! — Sieh mich an, die dich so zärtlich
Von unsrer Kindheit an geliebt, mich, die du
                    wieder
So zärtlich liebtest, — kannst du den Gedanken,
Mich zu verlassen, nur erträglich finden?
Verlassen willst du Freunde, Vaterland
Und Kinder, alles was den Sterblichen
Das Theu'rste ist, verlassen? — dieses goldne
                    Licht
Der Sonne mit der ew'gen Nacht

Des Tartarus vertauschen? — Jeder Freude
Des Lebens, jedem schönen Blick
In wonnevolle Tage die dir winken
Entsagen? — Schrecklich! Nein, du sollst es
nicht!

O ruf's zurück, Unsinnige, das rasche
Entsetzliche Gelübd —

ALCESTE.

Es ist unwiderruflich!
Vergebens marterst du mein leidend Herz:
Laſs ab, Parthenia! Nur zu sehr empfind' ich
Der Trennung Qual. — O meine Kinder! —
O mein Gemahl! — O meine Schwester! — Bald,
Bald werden diese halb erloschnen Augen
Nicht mehr voll Liebe sich
An eurem Anblick weiden!
Die Parze ruft! Wir müssen — ach!
Wir müssen scheiden!

PARTHENIA.

Uns scheiden? O verhütet es,
Gerechte Götter! Nein, Alceste, nein!
Noch ist es Zeit. Die Götter haben Mitleid

Mit unsrer Schwachheit; hören nicht
Gelübde, von Verzweiflung
Der Liebe ausgepreßt. — Es ist —

ALCESTE.

Geschehn! Sie haben mich erhört!
Der Tod erwartet gierig seine Beute.
Schon fühl' ich seine Hand — Wie kalt sie ist!
Ein banges Schaudern läuft durch meine Adern.
Parthenia, lege deine Hand auf diesen Arm
Und fühle —

PARTHENIA.

Götter!

ALCESTE.

Ja, ich sterbe,
Und mich gereuet mein Gelübde nicht.
Du lebst, Admet! — Wie leicht, wie süß ist's
                                        der
Die nur für dich gelebt, für dich zu sterben!

PARTHENIA.

Nein, nein! Bey allen Mächten des Olympus!
Du sollst nicht sterben, wenn im ganzen Umfang
Der allbelebenden Natur

Ein Mittel übrig ist. — Ich eile! — Gute
                                        Götter,
O helft, o rettet sie!

ALCESTE allein.

Wohin, wohin, Parthenia? Höre mich! —
Sie ist entflohn! Unglückliche,
Dein Eifer ist umsonst!
Kein Mittel, keine Wunderkraft der Kunst,
Kann einen Tag zu meinem Leben setzen.
Ich bin den Todesgöttern heilig.
Ich sterbe! — Dieses bange, langsam durch
Mein Innerstes hinkriechende
Noch nie gefühlte Schaudern,
Es ist der Tod! —

Sie sinkt in einen Lehnstuhl.

Parthenia! — Admet! — Wo seyd ihr?

O du, mein zweytes beſsres Ich,

Wo bist du? Kannst du, kannst du

mich

Im diesen letzten Kampf verlassen?

Ich sterb', ein Opfer meiner Pflicht,

Du lebst, Admet, und eilest nicht

Alcestens-Seele aufzufassen?

ENDE DES ERSTEN AUFZUGS.

ZWEYTER AUFZUG.

Der Vorsahl vor Alcestens Zimmer.

ERSTE SCENE.

ADMET allein.

Wo ist Sie, dafs ich diese Freude
In Ihren Busen schütte? Diese Wonne
Mit Ihr empfinde? Dieses neue Leben
In Ihren Armen doppelt wieder fühle?
Allmächt'ge Götter! welch ein Wunder rief
So plötzlich mich vom schwarzen Ufer
Des Styx zurück?

Wem dank' ich diefs Leben, wem dank'

ich die Wonne,

Zum zweyten Mahle geboren zu seyn?

Mit welcher Wollust saugt, o alles erquik-

kende Sonne,

Mein Auge deine Strahlen ein!

Wohlthätige Götter! Euch dank' ich die

Wonne,

Zum zweyten Mahle geboren zu seyn!

ZWEYTE SCENE.

ADMET, PARTHENIA.

PARTHENIA.

Unglücklicher! du überlässest dich
Der Freude? — Wüfstest du —

ADMET.

Parthenia!

PARTHENIA.

Gott! wo werd' ich Worte finden,
Das schreckliche Geheimnifs —

ADMET.

Welch ein Geheimnifs? Schwester, deine Worte
Sind schreckend! Schreckender dein Blick!
O rede, rede!

PARTHENIA.

Beweinenswürdiger! — Alceste! — deine Gattin —
— Ich kann nicht reden — Sieh!

DRITTE SCENE.

Das Zimmer der Alceste öffnet sich, und zeigt
ALCESTEN, in einem Lehnstuhl schlummernd. Eine
Kammerfrau kniet neben ihr; zwey andere stehen seitwärts, aufmerksam auf den Augenblick ihres Erwachens
lauschend.

ADMET, PARTHENIA, ALCESTE.

ADMET.

Alceste? — Götter! welch ein tödtender Gedanke
Trifft wie ein Donnerkeil in meine Seele!
Alceste —

PARTHENIA.

Stirbt — Du lebst — Nun weifst du Alles!

ADMET.

Weh mir! Sie stirbt? — Sie stirbt damit ich
lebe?

O Lieb'! o Tugend! —

Zu ihren Füssen.

Du, für deren Werth
Die Sprache keinen Nahmen hat, Getreuste, Beste,
Geliebteste der Weiber! Höre, höre mich!
O hebe deine Augen, siehe mich
Zu deinen Füßen —

*ALCESTE erwacht. Sie betrachtet ihn etliche Augen-
blicke mit liebevollen Blicken, als ob sie sich seines Daseyns versichern wolle, dann reicht sie ihm die Hand.*

ALCESTE.

O mein Admet, Du lebst? Dank sey den Göttern!
Du lebst!

ADMET.

Für dich, für dich allein, Alceste!
Was könnte dies Geschenk der Götter ohne dich
Mir helfen?

PARTHENIA.

Ach! zu theu'r, Admet,
Zu theuer mußt du es erkaufen!

Zu theuer, sagst du? — O Parthenia,
Du kennest nicht was eine liebende
Getreue Gattin fähig ist.

Hätt' ich für sein schönes Leben
Tausend Leben hinzugeben.
O mit Freuden gäb' ich sie.

ADMET.

Grofse Götter! welche Liebe!

PARTHENIA.

Welch ein Beyspiel reiner Triebe!

BEIDE.

Nein! Die Erde sah es nie!

ALCESTE.

Ohne dich, wie könnt' ich leben?
O Geliebter, sage, wie?

ADMET, PARTHENIA.

Bestes Weib! dein eignes Leben
Für den Gatten hinzugeben!

ALCESTE.

Hätt' ich tausend hinzugeben,
O mit Freuden gäb' ich sie!

ADMET.

Zu lang', Alceste, liefs ich dich
In einem Irrthum, den mein Herz verabscheut.
Du, die ich mehr als diese Augen, mehr
Als meine Seele liebe, solltest sterben?
Für mich? Für mich? — Und dein Admet, der nur
Um deinetwillen noch zu athmen wünschte,
Er sollt' um diesen Preis sein Leben kaufen?
O glaub' es nicht, Alceste! Halte nicht
Den Mann, der deiner Liebe würdig war,
Der schmählichen verhafsten Feigheit fähig!

ALCESTE.

Admet, ich kenne deine ganze Liebe.

Hier fühl' ich sie; mein Herz ist mir

Für deiner Bürge —

Grofs und edel war es stets;

Und diefs entscheidet unsern Streit.

Wie? Solltest du dich weigern können

Der, die du liebst, die Qual, dich zu ver-

lieren,

Die schrecklichste der Qualen, abzunehmen?

Du bist ein Mann; ich nur ein schwaches

Muthloses Weib! — O sage nicht, Admet,

Du liebest mich, wenn du nur denken

Nur zweifeln kannst, dafs ich

Dich überleben sollte.

ADMET.

Ihr hört sie, Götter! — Und ihr könntet sie

Mir rauben? Könntet so viel Tugend

Der Welt entziehen? Dieses holde, schöne

Liebathmende Geschöpf in seiner Blüthe

Dem Orkus opfern? — Nein,

Ihr seyd nicht Götter, oder

Ihr könnt es nicht!

ALCESTE.

O mäfs'ge dich, Admet!

„Erzürne nicht die Mächte, die uns trennen!

Vielleicht dafs die Geduld, womit wir ihrem
Willen

Uns unterwerfen, ihre Strenge mildert.

Vielleicht erweicht sie — Doch, was hilf' es uns

Mit eitler Hoffnung unsern Schmerz zu täuschen?

Apollo hat gesprochen! — Mein Gemahl!

Geliebter, bester Mann! wie könnt' ich schöner

Mein Leben als für dich verlieren?

Verlieren? Nein! wenn Du lebst, ist es nicht

Verloren! Leb' ich nicht in dir?

ADMET.

Was kann ich sagen? Gott! was kann ich ihr

Erwiedern? — Schau' in meine Seele,

Geliebtes Weib! — Alceste, höre mich!

Um aller Götter willen, höre mich!

Du hoffst durch deinen Tod mein Leben zu erkaufen?

Vergebens hoffst du! — Deine Wohlthat ist

An mir verloren. Fordre nichts

Unmögliches. Ich kann nicht, kann nicht

Dich überleben! Unsre Seelen hat

Die Liebe unauflöslich in einander
Verwebt, und ewig, ewig unzertrennbar
Vereinigt sollen sie ins Land der Schatten gehen!

Parthenia gehorcht.

ALCESTE.

Er hört mich nicht — Parthenia! geh, und hohle
Mir seine Kinder her.

VIERTE SCENE.

ADMET, ALCESTE.

ADMET.

Alceste, sey gerecht! Du, die so zärtlich liebt,
So edel denkt, so sey gerecht, Alceste!
Kannst du von mir verlangen, was
In meinen eignen, was in Aller Augen mich
Entehren müsste? — Nein, beym Himmel, nein,
Ich will die Schmach nicht dulden,
Daſs jeder, dem ein Herz im Busen schlägt,
Mit Fingern auf mich weise, spottend sage:
Hier geht er, hier,
Der Feige, der sein Leben mehr
Als seine Ehre liebt! Der fähig war
Mit seiner Gattin sich vom Tode los zu kaufen!

ALCESTE.

Und kann Admet vergossen, daſs sein Leben
Nicht ihm, nicht seiner Gattin zugehört?
Hast du kein Volk, das dich anbetet? Hast
Du seine Thränen, seine Opfer, seine
Gelübde für dein Leben schon vergessen?
Vergessen, wie es schaarenweis' mit bleichen
Gesichtern, mit empor um Hülfe
Gerungnen Armen deinen Vorhof füllte?'
O laſs nicht, mit dem Gram dich ihrer Liebe,
Unwerth zu sehn, Alcestens Geist beschämt
Vor deinen Vätern sich verbergen müssen!

ADMET.

Grausame! Höre auf mein Herz zu foltern!
Ich kann in dieser schrecklichsten der Stunden
Nicht denken, nichts als dich! Du, du, Alceste,
Bist mir die ganze Welt! Verlier' ich dich,
So ist für mich kein Volk, kein Vaterland,
Kein Leben mehr —

FÜNFTE SCENE.

PARTHENIA, mit den Kindern,
DIE VORIGEN.

ALCESTE, indem sie ihre Kinder erblickt.

Auch keine Kinder?

Kommt, Kinder, laſst zum letzten Mahl

An diese Bruſt euch drücken. — Süſse, rührende

Geschöpfe! —

Sie umarmt sie.

Bald, o meine Kinder,

mit erstickter Stimme.

Bald habt ihr keine Mutter mehr!

Admet, o sieh sie an,

Und wenn du jeden andern Nahmen, der dir heilig

Seyn soll, vergessen haſt,

Kannſt du vergeſsen, daſs du Vater biſt?

ADMET.

Unwiderstehlichs Weib! Wer kann dich hören,

Dich sehn, dich sterben sehn

Und überleben wollen? — O! dir gab

Ein Gott es ein,

Die Pfänder unsrer Liebe mir zu Hülfe

Zu rufen! — Siehe D u sie an, Alceste!
Erbarm dich ihrer Unschuld, ihres zarten
Hülflosen Alters! Sieh,
Wie sie bestürzt mit liebevoller Angst
Die kleinen Arme dir entgegen strecken!

ALCESTE.

Geliebter! schone deiner sterbenden
Zu schwachen Gattin! Kürze nicht durch diese
Grausame Zärtlichkeit die Augenblicke,
Die uns die Parze schenkt!

ADMET.

O meine Kinder!
I h r fühlet nicht was ihr verliert —

ALCESTE.

Ich fühl's für sie.

ADMET.

Und änderst nicht den schrecklichen Entschluss?

ALCESTE.

Wie kann ich? — Ach, Admet, die Todesgötter
Sind unerbittlich. Eines von uns beiden
Muss fallen! — O! um unsrer Liebe,

Um dieser armen
Unmündigen, um deiner Gattin willen,
Lafs mich, lafs mich allein das Opfer seyn!

ADMET,

von Thränen erstickt.

Es ist zu viel!

ALCESTE.

Weine nicht, du meines Herzens

Abgott! Gönne mir im Scheiden

Noch die süfseste der Freuden,

Dafs mein Tod dein Leben ist.

Ach! die Gröfse deines Schmerzens

Ist das Mafs von meinen Leiden.

Mein Gemahl! O meine Kinder!

Glaubet nicht, ich fühle minder,

Weil mein Herz bey euern Leiden

Seiner eignen Noth vergifst!

Weine nicht, du meines Herzens

Abgott! Gönne mir im Scheiden

Noch die süfseste der Freuden,

Dafs mein Tod dein Leben ist.

Alceste, durch diese letzte Anstrengung ihrer Kräfte
erschöpft, fällt in eine Ohnmacht, aus welcher sie durch
die Zuckungen des Todes wieder erweckt wird. Die
Kammerfrauen drücken ihren Jammer durch Geberden
aus, und zeigen sich geschäftig ihr beyzustehen. Admet
liegt trostlos zu ihren Füfsen; er streckt mit flehenden Geberden die Arme gen Himmel, bemüht sich Worte heraus
zu bringen, aber vergebens. Parthenia führt die weinen-
den Kinder hinweg. Da sie zurück kommt, findet sie ihre
Schwester mit dem Tode ringend.

PARTHENIA.

Sie stirbt, o Gott! sie stirbt —

ADMET.

O! ist denn kein Erbarmen
Im Himmel mehr?

ALCESTE, sterbend.

O Sonnenlicht, o mütterliches Land,
O Schwester, o Gemahl! — Zum letzten Mahl
Sieht euch Alceste — Drücke deinen Mund
An meinen Mund, Admet — ich sterbe — Lebet
                  wohl!
Geliebte — lebet —

Admet sinkt von Schmerzen betäubt zu Boden. Einige
Bediente bringen ihn hinweg. Die Kammerfrauen brei-
ten einen weifsen Schleyer über das Gesicht der erblafsten
Königin.

PARTHENIA.

O! dieser Schmerz zerreifst die Dämme der Geduld!

Sie stirbt, ihr Götter!

Sie bringt den Schatten

Sich selbst zum Opfer

Von ihrer Pflicht!

Grausame Götter!

Ihr könnt es sehen?

Und unsre Thränen,

Die Angst des Gatten,

Sein heifses Flehen,

Sein banges Stöhnen,

Es rührt euch nicht?

Da ist kein Retter!

Sie stirbt! — Alceste!

Die treuste, beste!

Und, o ihr Götter!

Ihr rettet nicht!

ENDE DES ZWEYTEN AUFZUGS.

DRITTER AUFZUG.

Ein mit Lorberbäumen besetzter Vorhof, und in
einiger Entfernung ein Theil des königlichen Palasts
auf Dorischen Säulen ruhend.

ERSTE SCENE.

HERKULES allein.

Die Sonne neigt sich. Müd' und ruhbedürftig
Betret' ich deinen wohl bekannten Vorhof,
Gastfreyes Haus!
Gesegnet sey mir holder Sitz der Unschuld,
Der Zärtlichkeit, des stillen Glücks!
Sey mir gesegnet, frohes Thal,
Wo einst der Gott des Lichts
In Schäfertracht Admetens Herden führte.

Und, seines Götterstands entsetzt,
Die angenommne Menschheit zierte!
Beglücktes Land, — o möcht' Alkmenens Sohn,
Wenn er, von Ruhm und Siegen müd,
Einst auszuruhn verdient, des Lebens Rest
In deinen Schatten sanft verfliessen sehen!

O du, für die ich weicher Ruh

Und Amors süfsem Scherz entsage,

Du, deren Nahmen ich an meiner Stirne

trage,

Für die ich alles thu',

Für die ich alles wage,

O Tugend! — Einen Wunsch, nur Einen

Wunsch gewähre

Dem der sich dir ergab! Wenn einst die

Bahn der Ehre

Durchlaufen ist, wenn er sich sehnt nach

Ruh,

So schliefse hier am Abend seiner Tage
Die Freundschaft ihm die Augen zu!

Doch was bedeutet diese tiefe
Unzeit'ge Stille? Keine Lieder hallen
Den Säulengang herauf?
Verlassen, öde, wie die Trümmern einer
Zerstörten Stadt, ist dein Palast, Admet?
Verlassen von den Göttern
Der Freude, deren Sitz er war!
Was für ein Unfall — Wie? Mir däucht ich
          hörte
Ein Klaggeschrey aus jener Halle tönen.

   Ein Bedienter kommt aus dem Hause hervor, und eilt,
da er den Herkules erblickt, mit einer Geberde der Bestürzung zurück.

O sage, Freund, — Er flieht mich! — Trübsinn
          hängt
Um seine Stirne! — Zu gewifs! ein Unglück traf
Admetens Haus! — O wende, Vater Zevs,
Die Vorbedeutung ab! — Doch, was es sey,
Ich mufs es wissen! Rastlos treibt mich zwar
Der unversöhnbarn Juno Groll

Von einem Abenteu'r zum andern; aber hier,
Hier ruft die Freundschaft mir! Ihr Ruf
Geht allem andern vor —

ZWEYTE SCENE.

PARTHENIA, HERKULES.

PARTHENIA.

Alkmenens Sohn? — Willkommen, o Befreyer
Von Gräcien, willkommen, Herkules,
Dem Haus Admets!

HERKULES.

Wo ist er, wo? Was hält
Von seines Freundes Armen ihu zurück?

PARTHENIA.

Du weifst es nicht?

HERKULES.

Kaum bin ich angekommen.
Noch sah ich niemand; nur ein Klageton
Schien aus dem innern Hause mir entgegen

Zu dringen. — Reifse mich aus diesem Zweifel!
Er lebt doch wohl?

PARTHENIA.

Er lebt.

HERKULES.

Er lebt — und trüber Gram umwölkt dein Auge,
Prinzessin? Traurig sagst du mir, er lebt?

PARTHENIA.

Vor wenig Stunden schwebte noch sein Geist
Im Thor des Tartarus.

HERKULES.

Was sagst du?

PARTHENIA.

Durch ein Wunder ist
Er wieder uns geschenkt.

HERKULES.

Dank hab' Apollo! Denn sein Werk
War's ohne Zweifel! — Und Alceste — deine
Schwester?

PARTHENIA.

Welchen Nahmen nanntest du,
Unglücklicher!

HERKULES.

Du schreckst mich! — Wie? Alceste —?

PARTHENIA.

Hat gelebt.

HERKULES.

Beklagenswerther Freund! Was thatest du
Den Göttern? — Welch ein Wechsel!

PARTHENIA.

Ach! wüsstest du erst alles, Herkules!

HERKULES.

Was kann ich ärgers wissen?

PARTHENIA.

Freywillig gab die treue Gattin sich
Für ihn dahin. Er lebt durch ihr Erblassen.

HERKULES.

Der feige Mann! — Konnt' er so niedrig seyn
Um diesen Preis sein Leben anzunehmen?

PARTHENIA.

Ach! da sie sich an seiner Statt den Parzen
Zum Opfer darbot, rang er mit dem Tode.
Er wufst' es nicht.

HERKULES.

O Beyspiel ohne gleiches!
Und du, Apollo, liefsest es geschehn?
Du, der in diesem menschenfreundlichen
Wohlthät'gen Haus vor meines Vaters Zorn
Einst eine Freystatt fand? —

PARTHENIA.

Er that was möglich war;
Doch selbst den Göttern ist
Nicht Alles möglich. Gänzlich liefsen sich
Die Parzen nicht erbitten. Jemand mufste
Zum Opfer für Admet sich selber weihen.
Diefs war die Antwort, die uns Delfi sandte.
Kaum hörte sie den Götterspruch,
So war ihr Schlufs gefafst,
Und unbeweglich blieb die Heldin unserm
Flehn.

HERKULES.

Und so viel Tugend sollt' ein Aschenkrug
Verschliefsen? — Nein! So wahr ich Sohn
Des Donnergottes bin, das soll er nicht!
Prinzessin, kann ich nicht Admeten sehn?

PARTHENIA.

Was wird dein Anblick ihm in diesem Jammer
helfen?

HERKULES.

Ich mufs ihn sehn.

PARTHENIA.

Ach! Ist er fähig deinen Anblick zu ertragen?
Er hafst den Tag, er hafst die Gegenwart
Der Menschen die er liebte, hafst
Sein eignes Daseyn, fleht den Tod
Um Mitleid an.

Er flucht dem Tageslicht

In seinem Schmerz;

Sein blofser Anblick bricht

Ein fühlend Herz;

Ihm Trost zu geben, fänd'

Ein Gott zu schwer!

Er hört mit taubem Ohr

Der Freundschaft Stimme;

Starrt zum Olymp empor

In stummem Grimme;

Kennt sinnlos weder Furcht

Noch Hoffnung mehr!

Er flucht dem Tageslicht

In seinem Schmerz;

Sein blofser Anblick bricht

Ein fühlend Herz;

Ihm Trost zu geben, fänd'

Ein Gott zu schwer!

O Herkules! Was bleibt der Freundschaft übrig

Für ihn zu thun? Er ist —

HERKULES,

Mein Freund!
Nie war er meiner Hülfe mehr benöthigt.
O laſs mich —

PARTHENIA.

Wohl! versuch' es, Göttersohn!
Vielleicht erweckt der Anblick eines Helden
Sein schon erstorbnes Herz. Ich geh'
Ihm deine Ankunft anzusagen.

Sie geht ab.

DRITTE SCENE.

HERKULES allein.

Es ist beschlossen!
Durch nie erhörte, durch den Erdensöhnen
Versagte Thaten soll, o Vater Zevs,
Dein Sohn den Weg sich zum Olympus öffnen!
Herab zum Orkus steig' ich, zwing' ihn, mir
Alceston
Zurück zu geben, — oder unterliege
Der groſsen That!

Er geht in den Palast hinein.

VIERTE SCENE.

Der Schauplatz verwandelt sich in einen Sahl des
Palasts.

HERKULES, ADMET.

Admet in einem Lehnstuhl, mit dem Arme auf einem
kleinen Tisch gestützt, auf welchem ein Aschenkrug steht.
Herkules nähert sich ihm langsam und schweigend, mit
dem Ausdruck der mitleidenden Freundschaft in seinen
Blicken. Admet sieht ihn mit starren Augen an.

HERKULES.

Wie? kennst du deinen Freund nicht mehr?

ADMET.

O ja, ich kenne dich! — Du bist — der Sohn
Von einem Gotte der mich elend macht.

HERKULES.

Admet, ich bin dein Freund, wiewohl du selbst
Kein Mann mehr bist. Ich kann nicht mit dir
weinen,
Nicht jammern, wie ein Weib, — doch helfen
will ich dir.

ADMET.

Mir helfen?

HERKULES.

Ja, dir helfen oder im Versuch
Mein Leben lassen.

ADMET.

Diefs kannst du; helfen kann kein Gött mir!

HERKULES.

Fasse,
Ermanne dich, Admet; noch ist nicht alles
Verloren —

ADMET.

Wie? Nicht alles? Ist
Alceste nicht verloren?
Sieh her! Da, siehst du diesen Aschenkrug?
Bald wird er alles, alles was von ihr
Mir übrig ist, verschlingen!

HERKULES.

Hoffe besser, Freund!

ADMET.

Ich, hoffen? Rasest du?
Kannst du den Orkus zwingen, seine Beute

Zurück zu geben? — Hör' es, wenn du es
Noch nicht gehört! Todt ist sie, todt! erkaltet,
athemlos,
Todt, sag' ich dir! — Ich habe nichts zu hoffen!

HERKULES.

Dein Zustand jammert mich, Admet,
Ich fühle deinen Schmerz. Doch zur Verzweiflung
sinkt
Kein edler Mann herab! — Wie? war Admet
Nicht immer ein Verehrer
Der Götter? — Wo ist sein Vertraun
Auf ihre Macht!

ADMET.

Ach, Freund! Sie haben mich
Verworfen! hörten nicht mein Flehn!

HERKULES.

Der Ausgang soll mit ihnen dich versöhnen,
Kleinmüthiger! — Ich gehe — Herkules
(Du kennst ihn) ist nicht gewohnt durch Worte
Zu reden. Lebe wohl! Bald sehen wir uns wieder!

ADMET.

Was willst, was kannst du thun?

HERKULES.

Freund, zweifle nicht!

Was Herkules verspricht

Das wird er halten!

Ruf deinen Muth zurück!

Die Götter walten!

Ihr Beyfall ist der Tugend Sold;

Sie sind den Frommen hold,

Und werden dein Geschick

Bald umgestalten!

Freund, zweifle nicht!

Was Herkules verspricht

Das wird er halten!

ENDE DES DRITTEN AUFZUGS.

VIERTER AUFZUG.

ERSTE SCENE.
Der Vorsahl.

PARTHENIA allein.

Mit bangem Herzen, selbst des Trostes dürftig, den
Ich gebe, geh' ich, meine Thränen
Admetens Thränen zu vermischen.
Dank sey den Göttern! Diese Linderung
Ist doch nicht länger ihm versagt.
Nicht mehr versunken in betäubende
Verzweiflung, hat sich an der Hand
Der Freundschaft seine Seele wieder aufgerichtet.
Er fühlt sich wieder selbst, kann weinen, findet
                Trost
In mitgeweinten schwesterlichen Zähren.

Sogar ein Sonnenblick von Hoffnung kämpft
Aus seinem trüben Aug' hervor, seitdem
Alkmenens Sohn, dem nichts unmöglich ist,
Ihn Hoffnung fassen hiefs.
Allein zu bald verschlingt den ungewissen Strahl
Des Grames düstre Wolke wieder.
Er sinkt zurück in seine vorige
Trostlose Kleinmuth. Ach! in diesem Zustand ist's,
Wo er der Freundschaft sanfte Hand am meisten
Vonnöthen hat. — O ewig theurer Schatten!
Wie kann ich besser meine Liebe dir beweisen,
Als wenn ich was Du liebst erhalten helfe?

    O!, der ist nicht vom Schicksal ganz ver-
                           lassen,

    Dem in der Noth ein Freund

     Zum Trost erscheint:

    Ein Freund, der willig ist

    Die Thränen die er weint

    In seinen Busen aufzufassen,

     Der seiner selbst vergifst

     Und mit ihm weint.

O! der ist nicht vom Schicksal ganz ver-

lassen,

Dem in der Noth ein Freund

Zum Trost erscheint!

Sie geht ab.

ZWEYTE SCENE.

Der Schauplatz verwandelt sich in das Zimmer des Admet.

ADMET allein.

O Jugendzeit, o goldne Wonnetage
Der Liebe, schöner Frühling meines Lebens,
Wo bist du hin? — Ist's möglich, bin ich der,
Der einst so glücklich war? So glücklich einst,
Und itzt so elend! Ohne Grenzen elend,
Wenn nicht die Hoffnung, bald, Alceste, dir
Zu folgen, meine Qual erträglich machte.
Wo bist du? — Irrst du schon, geliebter Schatten,
Um Lethens Ufer? — Ah! Ich seh' sie gehn!
In traur'ger Majestät geht sie allein
Am dämmernden Gestad; ihr weichen schüchtern
Die kleinern Seelen aus, sehn mit Erstaunen
Die Heldin an. — Der schwarze Nachen stößt

Ans Ufer, nimmt sie ein — Der Schleyer weht
Um ihren Nacken — O! nach wem, Geliebte,
Unglückliche, nach wem siehst du so zärtlich
Dich um? — Ich folge dir, ich komme! —
Weh mir! Schon hat das Ufer gegenüber
Sie aufgenommen! Liebreich dringen sich
Die Schatten um sie her; sie bieten ihr
Aus Lethens Flut gefüllte Schalen an.
O hüte dich, Geliebte! Koste nicht
Von ihrem Zaubertrunke! Ziehe nicht mit ihm
Ein ewiges Vergessen unsrer Liebe ein.

O flieh, geliebter Schatten, fliehe;

Ich unterläge dem Gewicht

Von diesem schrecklichsten der Schmer-

zen.

Noch lebt Admet in deinem Herzen:

Diefs ist sein Alles! O entziehe

Diefs einz'ge letzte Gut ihm nicht!

DRITTE SCENE.

PARTHENIA, mit einem goldnen Becher in
der Hand, ADMET.

PARTHENIA.

Admet, der Gram erschöpft dich; die ermüdete
Natur bedarf Erquickung. Nimm, mein König,
Aus einer schwesterlichen Hand
Nimm diesen Becher! Schmerzenstillend
Ist seine Kraft. Das Land der Isis sendet uns
Den Wundertrank —

ADMET.

Was soll er mir?

PARTHENIA.

Ein Trunk aus Lethe selbst befreyet nicht gewisser
Von jedem Kummer, jedem Leid das Herz.
Ein allgemein Vergessen —

ADMET.

Weg! Parthenia, weg mit deinem Gift!
Wie? Treulos sollt' ich je
Der theuren Ursach' meines Leids vergessen?
O niemahls, niemahls! — Mit Alcesten hat

Die Freud' auf ewig sich von mir geschieden.
Mein Gram ist meine Speise, mein Vergnügen,
Mein Labsal! — Jede andre Lust
Verschmäht Admet! — Ich will an Sie allein
Nur denken; wachend, träumend Sie, nur Sie
Vor meinen Augen sehn. Auf ihrem Grabe
Soll meine Wohnung seyn! Von meinen Thränen
sollen
Die Myrten wachsen, die ihr Bild umschatten!

PARTHENIA.

Unglücklicher, was hilft es dir

Dein Daseyn trostlos wegzutrauern?

Laſs ewig deine Schmerzen dauern,

Der Orkus giebt Sie nicht dafür!

ADMET.

O laſs mir, laſs mir meine Zähren,

Grausame, laſs mir meinen Schmerz!

Wie könnt' ich diesen Trost entbehren?

Er labt, er nährt mein leidend Herz.

PARTHENIA.

Bedenk, um welchen Preis du lebest!

ADMET.

O, der Gedanke tödtet mich!

PARTHENIA.

Wenn du in Gram dich selbst begräbest,

So starb Alcest' umsonst für dich!

ADMET.

Bemühe dich nicht länger meinen Thränen
Den Lauf zu wehren. Laſs mich weinen,
Parthenia! Dieſs allein
Kann meine Seele vor Verzweiflung retten.

PARTHENIA.

Und hast du deines Freundes tröstendes
Versprechen schon vergessen? Hallen nicht
In deinen Ohren noch die letzten Worte
Des Göttersohns?

ADMET.

Er hiefs mich hoffen! — Hoffen soll Admet?
O sprich, Parthenia, sprich, was soll ich hoffen?
Was kann ich hoffen?

HERKULES.

Alles! Alles was den Göttern nicht
Unmöglich ist!

ADMET.

Und hat Apollo selbst,
Apollo, der mich liebt, mir helfen können?
Ist Herkules allmächtiger als er?
Ach! zu gewifs ist was ich hoffen könnte
Den Göttern selbst nicht möglich! — Lafs uns
nicht
In wesenlose Träum' uns thöricht wiegen!
Def Unglücksel'ge, der im finstern Kerker
Von goldner Freyheit träumte, fühlt erwachend
Der Ketten Zahn nur desto wüthender
In seinem Fleische wühlen. — Ach Parthenia!
Anstatt zu eiteln Hoffnungen
Mich aufzumuntern, wecke mein von Gram
Erstorbnes Herz zu seinen Pflichten auf!
Zu lange säumten wir

Dem theuern Schatten durch ein Todesopfer
Die Höllengötter günstiger zu machen.
Schon nähert sich die feierliche Stunde
Der Mitternacht. Parthenia, komm und theile
Die Sorge für das heil'ge Werk mit mir.

ENDE DES VIERTEN AUFZUGS.

FÜNFTER AUFZUG.

Der Schauplatz stellt einen Haustempel im Palast Admets vor.

Ein Todtenopfer.

ERSTE SCENE.

ADMET, PARTHENIA.

EIN KOR von Hausgenossen des Admet, um den Altar kniend.

ADMET.

Ihr heil'gen unnennbaren Mächte,

In deren grauenvollen Nächte

Kein sterblich Auge dringen kann!

PARTHENIA.

Du, Hekate! und Ihr,

Gewogne Eumeniden!

Euch flehen wir,

O seht zufrieden,

Seht gnädig unser Opfer an!

KOR.

Euch flehen wir, o seht zufrieden,

Seht gnädig unser Opfer an!

Sie stehen alle wieder auf.

ADMET.

Zürnet nicht der frommen Zähre

Die auf ihre Urne fällt!

Ach! was ich mit Ihr entbehre,

Ersetzt mir nicht der Götter Sfäre,

Ersetzt mir nicht die ganze Welt!

PARTHENIA.

Ihr selbst im Olympus gefürchtete Mächte,

Die tief im Heiligthum geheimnifsvoller

Nächte

Des Tages Fackel nie erhellt!

ADMET, PARTHENIA, zusammen.

O dafs diefs Opfer euch versöhne!

O zürnet nicht der frommen Thräne

Die auf Alcestens Urne fällt!

ALLE.

) 'dafs diefs Opfer euch versöhne!

'erzeiht, verzeiht der frommen Thräne

Die auf Alcestens Urne fällt!

ADMET.

Unddu, wenn noch im Reich der Wonne, in den

Kreisen

Der chönen Seelen, wenn im stillen Schoofs

Des ew'gen Friedens ein Gedanke noch
An deine Hinterlafsnen dich erinnert,
Wenn unsre Thränen, unsre Sehnsucht, unser nie
Ermüdendes Gespräch von deiner Tugend
Und unserm Glück in dir-
Dich noch erreichen kann,
Geliebter Schatten,
So hör uns! — Fühle, fühle wie wir unaussprechlch
Dich noch im Grabe lieben,
Und möchte diefs Gefühl
Selbst in Elysium deine Wonne mehren!

ZWEYTE SCENE.

HERKULES, DIE VORIGEN.

Der Kor entfernt sich.

PARTHENIA.

Wie? — Seh' ich, oder blendet mich der Schein
Der Opferflamme? Herkules schon wieder
Zurück? — Admet, sieh deinen Freund!
Und Freude blitzt aus seinen Augen!

ADMET.

— Freude?
Er sprach von Hülfe, da er ging!

HERKULES.

Und kommt zu halten was er dir versprach.

ADMET.

O Herkules, ich wähnte
Du seyst mein Freund —
Ist's möglich, kannst du meiner Schmerzen spotten?

HERKULES.

Dein Unglück macht dich ungerecht, Admet.
Ich tadle nicht dafs du in seinem ganzen Umfang
Es fühlst. Du trau'rst mit Recht. Alceste
Ist deiner Thränen werth. Sie ist die Zierde ihres
Geschlechts, verdient es dafs ihr Bild in Marmor
Den Enkeln heilig sey; verdient, so oft der Tag,
An dem sie sich für ihren Gatten hingab,
Zurück kommt, dafs Thessaliens fromme Töchter
Der Heldin Grab mit Blumenkränzen schmücken.
Man soll den Frauen sie zum Beyspiel nennen!
Sey wie Alceste — soll der Segen seyn
Der künftig jede Braut zur Gattin weihe!
Wir sind ihr's schuldig! Mehr, Admet,
Verlangt ihr Schatten nicht.

ADMET.

Du sprichst wie einer der das Glück
Nie kannte, das die Götter mir
Zu Neidern machte. Du verlorest keine
Alceste —

HERKULES.

Diesseits des Olymps, Admet,
Ist kein Verlust, den uns die Götter nicht
Ersetzen könnten.

ADMET.

O Alcid, ermüde die Geduld
Von deinem Freunde nicht! — Der hat
Sie nie gekannt, dem ihr Verlust
Ersetzlich scheint!

HERKULES.

Nicht ohne Grund spricht Herkules
So zuversichtlich. Höre mehr, Admet!
Was dir unmöglich scheint, ist schon gefunden.
Ich bringe den Ersatz. Die liebenswürdigste
Der Töchter Gräciens begleitet mich.

ADMET,

mit mühsam zurück gehaltnem Zorn.

Diefs nennst du dein Versprechen halten?

PARTHENIA.

Erkläre mir dein Räthsel, Herkules.
Du sprichst von einer Schönen die dir folge?
Wie nennst du sie? Von wannen kommt sie uns?
Was kann sie wollen?

HERKULES.

Euer Leid ergetzen,
Parthenia; diese traurigen Cypressen
In Rosen wandeln; diesen Tempel wieder
Den Liebesgöttern weihen. — Starre mich
Nicht so aus Augen an, Admet, worin Verachtung
Und Wuth sich mit Erstaunen mischen!

ADMET.

Unfreundlicher, auf deines Vaters Nahmen
Zu stolzer Freund! Hör auf! Ich will nicht länger
Alcestens Ruhm
Und meine Liebe lästern hören!
Mich prüfen willst du? — Spare deine Mühe!
Mein Herz verschmäht sie!

HERKULES.

Du mifskennest mich!
Ich will dein Glück, und du,
Du stofsest's von dir. Hast du denn die Schöne
Gesehn, die mich begleitet? — Sieh sie erst!
Und trann! du wirst die Gabe mit Entzücken
Mir danken, die du itzt verschmähst.

ADMET.

Nicht meine Treue — die ist ewig, ewig
Alcesten heilig! — Unsre Freundschaft setzest du
Auf eine Probe, — der sie unterliegt.
Ich geh' — und du — hast einen Freund verloren!

Ihr sollt' ich untreu werden können?

Dir ungetreu, Alceste? Dir?

Von fremder Flamme sollt' ich brennen?

O! wenn ich dessen fähig werde,

So öffne sich vor mir die Erde!

Der Eumeniden Fackel blitze

Mir ins Gesicht, und aus dem Sitze

Der Wonne fluch' Alceste mir!

Er geht ab.

DRITTE SCENE.

PARTHENIA, HERKULES.

PARTHENIA.

Alkmenens Sohn, bey den Gottinnen!
Du gehst zu weit —
Was konnte dich bewegen, deinen Freund
So grausam, vor der Urne einer
Geliebten Gattin, an dem Tage selbst
Der sie geraubt,
In ihres Schattens heil'ger Gegenwart,
Durch einen Antrag, der sein Herz
Zerreifsen mufs, zu kränken?

HERKULES.

Zu kränken? Ferne sey es! Glücklich
Will ich ihn machen, ihn und dich, Parthenia.
Der nächste Augenblick soll für mich reden.

VIERTE SCENE.

PARTHENIA allein.

Was kann er meinen? — Sollt' es möglich seyn?
Welch ein Gedanke! — Nein! es ist unmöglich!

Von da, wo sie in diamantnen Mauern
Die Ewigkeit gefangen hält,
Ist keine Wiederkunft!

FÜNFTE SCENE.

HERKULES, ALCESTE, PARTHENIA.

PARTHENIA, Alcesten erblickend.

Allmächt'ge Götter!
Was seh' ich? — Ja, sie ist's! Sie ist's! —
O theurer Schatten —

Sie geht mit ausgebreiteten Armen auf Alcesten zu, aber
schaudert wieder zurück, da sie ihr nahe kommt.

HERKULES.

Fürchte nichts!
Es ist kein Schatten, der aus deinen Armen
In Luft zerfliesst. Sie lebt. Es ist
Alceste selbst, die ich vom Ufer
Des Styx zurück gebracht.

ALCESTE.

O Schwester! Schliefs' ich dich in meine Arme
                              wieder?
Aus welchem Traum erwach' ich!

PARTHENIA.

— O Entzücken!
O Wunder! — Darf ich meinen Sinnen glauben,
Du Göttersohn? — Ich seh' sie, halte sie
In meinem Arm, Ihr Busen schlägt an meinem
                              Busen,
Und doch besorg' ich dafs es Täuschung sey.

HERKULES.

Besorge nichts! Die Götter schenken sie
Dir wieder.

ALCESTE.

                Lies in meinen Augen,
Wie glücklich mich dein Wiedersehen macht.
Gewifs sie sagen dir dafs ich Alceste bin!

PARTHENIA.

Ja, Schwester, ja, du bist's! — O welche Wonne!
Lafs mich eilen — Dein Admet
Kann nicht zu schnell erfahren
Wie viel er seinem Freund zu danken hat.

HERKULES.

Ruf ihn zurück, Prinzessin. red' ihm freundlich zu,
Besänft'ge seinen Zorn; doch sage ihm

Nicht Alles. Laſs Alcesten ,
Und mir die Freude, ihn mit seinem Glücke
Da er's am mindsten hofft zu überraschen.

ALCESTE.

Wenn nur Gesicht und Ton mich nicht verräth,
Dem Mund soll nichts entschlüpfen!

Sie geht ab.

SECHSTE SCENE.

HERKULES, ALCESTE.

HERKULES.

Hülle, Konigin,
In deinen Schleier dich, und tritt
Bey Seite. Sein Entzücken, in der Fremden,
Die seinen Zorn mir zuzog, dich zu finden,
Sey die Belohnung dessen was ich heute
Für euch gewagt!

ALCESTE.

O Göttersohn! noch immer scheint mir Alles
Was mir begegnet ist ein Traum,
Ein wunderbarer Traum!
Ich frage mich erstaunt, ob i c h es bin?

Die Erde, die ich wieder

Betrete, diese Wohnung, die ich kaum auf ewig

Verlassen, dieser Tempel — Alles ist

Mir fremd. Elysium schwebt

Mit allen seinen unnennbaren Freuden

Vor meinen Augen noch.

Wie selig war ich! — Ach! mit meinem Glücke

Verlor ich auch die Macht es auszusprechen.

Diefs weifs ich nur, diefs fühl' ich — o im Grunde

Der Seele fühl' ich es — es war kein Traum.

Noch athmet mir aus ewig blühenden Gefilden

Der Geist der Unvergänglichkeit entgegen.

Noch saugt mein Ohr

Die Wollust eurer Lieder, o ihr Söhne

Des Musengottes! —

HERKULES.

Still! — ich hör' Admetens Tritte —

Entferne dich!

Alceste zieht sich in den Grund des Schauplatzes zurück.

———

SIEBENTE SCENE.

DIE VORIGEN, PARTHENIA, ADMET.

der ihr in einiger Entfernung mit düstern nieder-
geschlagenen Blicken folgt. Am Schluſs der Scene
finden sich auch alle Hausgenossen wieder ein.

HERKULES.

Admet, vergieb mir! Zürne nicht
Auf deinen Freund! Er fehlte bloſs
Aus gutem Willen. Der Gedanke, wieder glück-
lich dich
Zu machen, riſs mich hin. Vergieb mir, Freund!

ADMET.

Vergieb dir selbst! Unzärtlich, Herkules,
War dein Betragen —

HERKULES.

Hebe deine Augen,
Und sieh, was mich entschuldigt!

ADMET.

O ihr Mächte des Olymps!
Was seh' ich! — Nein, ich sehe nichts! — Mich
täuscht

Ein Gott, der meiner spottet. Liebe, Sehnsucht,
höhnen

Mein gern betrognes Herz. Es ist ein Blendwerk!

Alceste nähert sich ihm mit offnen Armen.

— Wie? Es nähert sich? — Bist du's,

Geliebter Schatten, der zum Troste mir erscheint?

ALCESTE.

O mein Admet!

Sie eilt auf ihn zu und umarmt ihn.

ADMET.

O Götter, lafst ihn ewig, ewig dauern

Den süfsen Wahn! —

Er umarmt sie von neuem.

Ist's möglich, gute Götter! O ist's möglich?

Umfafs' ich dich, Alceste, keinen Schatten?

ALCESTE.

Ich bin es selbst, Admet,

Die den Ersatz für ein verlorenes

Elysium in deinen Armen findet.

ADMET.

O! einmahl noch und abermahl, Geliebte,

Umarme mich! — Ich kann nicht oft genug

Mich überzeugen, daſs ich glücklich bin.

Dich selbst, dich selbst, Alceste, neu belebt

Umfaſs' ich! — Götter, welch Entzücken!

ALCESTE.

Den allvermögenden Belohnern

Der Tugend, mein Admet, — und deinem Freunde

Dank' es mit mir! Er wagte sich für uns,

Stieg unerschrocken in den furchtbarn Abgrund

Der ew'gen Nacht hinab, erkämpfte mich

Vom Thanatos.

ADMET.

O Sohn des Donnergottes! welch ein Dank

Kann meiner unbegrenzten Schuld

Mich gegen dich entbinden? — Sage,

Den Göttern gleicher Freund, wie konntest du

Lebendig in den unzugangbarn Sitz

Der Schatten dringen? — O erkläre mir

Ein Wunder, das mir noch, in diesem Augen-

blicke

Da ich's mit Augen seh', mit Händen fühl',

Unglaublich ist.

HERKULES.

Begehr' es nicht zu wissen!
Ein heil'ger Schleier, den die Götter selbst
Nicht wegzuziehen wagen, liegt
Auf den Geheimnissen des Geisterreichs.
Der Eumeniden Hand schließt meinen Mund!
Genug für dich, daß dir Alceste wieder
Gegeben ist. Geneuß der wundervollen Wohlthat
Der Götter, Freund, und feßle deinen Vorwitz.

ADMET.

Allgüt'ge Mächte, seht mit Wohlgefallen
Die Freudenthränen an, die meinem Aug' ent-
strömen!
Was hat ein Sterblicher, um euch zu danken,
Als Freudenthränen? als sein Unvermögen
Die Größe seines Dankes auszudrücken?

ALCESTE.

Wie glücklich sind wir! Wie empfind' ich es
Für dich und mich! — Es ist kein Blendwerk,
mein Admet!
Ich leb', ich lebe wieder
Für dich, und fühl' erst itzt
Den ganzen Werth des Glücks für dich zu leben!

Schon wandelt' ich
Im Kor der schönen Seelen,
Schon grüſste mich
Aus tausend Wunderkehlen
Elysiums schönster Hain;

Ich fühlte Götterfrieden
Tief in der Brust:
Doch, konnte meine Lust
Vollkommen seyn?
Geliebter, war ich nicht
Von dir geschieden?

Itzt findt Alceste sich in deinen Armen
wieder.
Elysium war ein Traumgesicht!
O nun erst lebt sie wieder!
Ist wieder dein!

Vermifst nicht mehr der Amfionen Lie-

der,

Nicht ihren schönsten Hain!

ADMET.

Du hast Elysiums Glück empfunden;

Sprich, ist es unsret Wonne gleich?

ALCESTE.

Ich hab' Elysiums Glück empfunden!

Allein dem Augenblick, wo ich Dich

wiederfunden,

Ist keine andre Wonne gleich.

ADMET zu Herkules.

O Freund! wie kann ich dir vergelten?

Was ist ein Königreich?

Sind ganze Welten

Dem Werthe deiner Wohlthat gleich?

HERKULES.

Ich bin belohnt an euern Freuden

Mein mitempfindend Herz' zu weiden,

Ich bin der glücklichste von euch!

PARTHENIA.

Ihr Götter, die uns zu beglücken

Diefs Wunderwerk gethan,

Nehmt unser dankendes Entzücken

Zum Opfer an!

ADMET, ALCESTE.

Ihr Götter, die uns zu beglücken

Diefs Wunderwerk gethan:

A L L E.

Nehmt unser dankendes Entzücken

Zum Opfer an!

———————

ROSEMUNDE

EIN SINGSPIEL IN DREY AUFZÜGEN.

In Musik gesetzt von Anton Schweitzer

und

im Jahre 1779 zu Mannheim aufgeführt.

PERSONEN.

KÖNIG HEINRICH II. von England.

KÖNIGIN ELINOR.

ROSEMUNDE.

BELMONT.

EMMA
LUCIA } Freundinnen der Rosemunde.

Ritter des Thurms.

Kor von Jungfrauen.

Kor von Rittern.

Kor von Schildknappen.

———

Der Schauplatz ist zu Woodstock - Park.

Heinrich Plantagenet, erster König von England aus dem Hause Anjou, — den uns die Geschichte als einen Prinzen beschreibt, der alle Vollkommenheiten des Leibes und Gemüths, die den liebenswürdigen Mann und den grofsen Fürsten machen, in sich vereinigte, — und seine Vermählung mit der vormahligen Gemahlin Ludewigs VII. von Frankreich, Eleanor oder Elinor, Erbin von Poitou und Guyenne, —

und die Händel, die ihm der herrsch-
süchtige, unbändige Karakter dieser Frau
zugezogen, — seine Liebe zu der schönen Rosemunde, und der unglückliche Ausgang, den sie durch die Eifersucht der Königin Elinor genommen:
alles dieſs ist theils aus der Geschichte
theils aus einer schönen Alt - Englischen
Ballade, wozu sie den Stoff gegeben,
so bekannt, daſs es Überfluſs wäre sich
hier darüber auszubreiten. Von der letztern wird die artige, wiewohl ziemlich
modernisierte Übersetzung aus der Iris
den Lesern vermuthlich noch im Andenken seyn. Auch findet sich in der
Bibliotheque Univers. des Romans (Octo-

bre 1776, *Tom. I. p.* 14. *f.*) und im 36.
Stück des Berlin. Literarischen
Wochenblatts 1777 eine umständ-
liche historisch-romantische Erzählung
dieser durch Tradizion und Poesie in die
Wette verschönerten Liebesgeschichte,
auf welche wir die Liebhaber allenfalls
verweisen. Die alten Englischen Kro-
nikschreiber scheinen (sagt der Herausgeber der *Relicks of Anc. English Poetry*) dem Mönch Higden gefolgt zu
seyn, aus welchem Stow diese Nachricht giebt: „Rosemunde, die schöne
Tochter Walthers, Lords Klifford, und
König Heinrichs II. Beyschläferin, starb
(wie einige sagen, vergiftet von der

Königin Elinor) im Jahre 1177, zu Woodstock, wo König Heinrich ein Haus von
wunderbarer Bauart für sie hatte bauen
lassen. Es wurde, nach einigen, La-
byrinthus oder Dädalus - Werk
genannt, weil es wie ein Irrgarten gebaut war, so dafs niemand, ohne vom
König unterrichtet zu seyn, zu Rosemunden kommen konnte. Gleichwohl
ging die Sage, die Königin habe ver-
mittelst eines Knäuels Zwirn oder Seide
(den der König, ohn' es gewahr zu werden, da er aus ihrem Zimmer zu Rosemunden gegangen, nachgeschleppt) den
Weg zu ihr gefunden, und sey so übel
mit ihr umgegangen, dafs sie nicht lange

mehr gelebt habe." Rosemunde wurde
in einem Frauenkloster zu Godstow
begraben, bey dessen Sekularisierung
man ihre Gebeine noch in einem bleyer-
nen Sarge fand, und wie er geöffnet
wurde, (sagt der Englische Alterthums-
forscher Leland) ging ein gar liebli-
cher Geruch daraus hervor. Von ihrem
Labyrinth sollen noch ums Jahr 1718
Überbleibsel zu Woodstock gefunden
worden seyn.

Man hat in gegenwärtigem Singspiel
den Umstand, daſs Königin Elinor
mit Gift und Dolch zu Rosemunden kommt — und den, daſs
sie nicht wirklich vergiftet

wird, aus dem Singspiel gleiches Nahmens entlehnt, welches der berühmte
Addison im Jahre 1706 auf die Englische Schaubühne gebracht; wiewohl von
dem letztern Umstand hier ein ganz
andrer Gebrauch gemacht wird. Überhaupt hat man sich mit einer Geschichte,
die sich aus der Geburtszeit der alten
Ritterromane herschreibt und so nah an
die Fabel grenzt, alle Freyheiten erlaubt,
welche theils das Interesse des Stücks
als musikalisches Drama betrachtet,
theils andre Rücksichten zu erfordern
schienen. Geschrieben im Jahre 1778.

ERSTER AUFZUG.

ERSTE SCENE.

Ein Sahl im königlichen Palast. Aussicht in dessen Gárten, die in der Ferne vom Thurme, der in den Labyrinth führt, geschlossen wird. Sonnen-Untergang.

KÖNIGIN tritt auf.

Nein! — in dieser Unruh schweben
Will ich länger nicht!
Ich will das Ärgste wissen! will ihn kennen,
Den Feind, mit dem ich kämpfen soll.
Wie? bin ich Königin,
Und dieser Labyrinth soll ein Geheimnifs mir
Verschliefsen? — seine Eisenpforte soll
Sich nur dem König öffnen? —
O! zu lange fühl' ichs, dafs er sich
Vor mir verbirgt — dafs Elinor nicht mehr

In seinem Herzen herrscht! —

Verräther; und du hoffst mich zu betrügen, mich?

So kennst du mich? — Ha! zittre! zittre,

Für dich und deine Mitverschworne! Denn

Bey allem was im Himmel furchtbar ist

Und in der Hölle!

Kein Schlummer soll in meine Augen kommen,

Bis ich's ergründet habe, das unselig

Geheimniß! —

ZWEYTE SCENE.

BELMONT zur KÖNIGIN.

BELMONT.

Königin, es ist entdeckt.

KÖNIGIN.

Entdeckt? — Ah! Belmont, meine Seele

Weissagt es mir! — Ich seh's,

Ein schändliches Geheimniß schwebt

Auf deinen Lippen — Aber dennoch will

Ich alles wissen! Sprich, was ist entdeckt?

BELMONT.

Der Labyrinth ist einer Nymfe Sitz,
Die unter Zauberschatten da, wie eine zweyte
Armida, einen Hof von Liebesgöttern hält,
Und Rosemund' — ihr Nahme.

KÖNIGIN.

Nicht weiter! — Halte dich bereit
Auf jeden Wink!
Vergrabe was du weißt in deiner Brust,
Und zähl' auf meinen Dank!

Belmont geht ab.

DRITTE SCENE.

KÖNIGIN allein.

So lohnst du meiner Liebe? —
Alles hab' ich dir geopfert, alles,
Und so lohnst du mir?
Treuloser! — Mein Geschenk sind die Provinzen,
Woher du siegreich eilst — und, o!
Des schmählichen Gedankens! Heinrich eilt
Um zu den Füßen einer Buhlerin
Die Lorbern hinzulegen,
Die Ich ihm brach! — und Elinor —

Sie sollt' es sehn? Sie sollt' es dulden?
Beym Himmel, nein!

Du sollst erfahren,

Verräther, wer ich bin!

Weg! kein Erbarmen!

Bey ihren Haaren,

Vor deinen Augen,

Aus deinen Armen

Reifs' ich die Buhlerin

Zur Rache hin!

Nein! kein Erbarmen!

Du sollst erfahren,

Verräther, wer ich bin!

Sie geht ab.

VIERTE SCENE.

Der Schauplatz verwandelt sich in einen prächtigen
Garten im Innern des Labyrinths. Neben einer mit Efeu
und Rosen umschlungnen Urne eine Rasenbank. Im Grunde
die Vorderseite eines prächtigen Pavillons. Tiefer hinter
auf der einen Seite ein Grottenwerk, auf der andern ein
natürlicher Wasserfall. Es ist Nacht, mit Mondschein,
bey bewölktem Himmel.

ROSEMUNDE.

Wie öd ist alles um mich her! wie kalt!
Wie fremd und fern von meinem Herzen alles!
Und war so lieblich einst —
Mit dir, Geliebter,
Ist aller Reitz von diesen Zauberfluren,
Verschwunden — Ohne dich,
Was wär' Elysium selbst dem Herzen das dich
      liebt?
Dich sucht es — ohne dich
Ist keine Ruh, kein Glück für deine Rosemund'!

Oft, am Rande stiller Fluten

Sitz' ich einsam da und zähle,

Zähl' an ihrem trägen Lauf

Ach! die schleichenden Minuten

Unsrer langen Trennung auf.

Dann geh' ich hin und wanke

Durch Hain und Thal und Flur!

Mein einziger Gedanke

Bist du, Geliebter, nur.

Bey jedem Lispeln

Aus dunklem Laube,

Bey jedem Flügelschlag

Der Turteltaube,

Wie lauscht mein sehnend Ohr,

Wie klopft mein Herz!

Und wenn ich Tage lang

Gelauscht, gesucht — wie bang

Ist dann mein Schmerz!

Sie lehnt sich an die Urne, und sinkt in stumme Traurigkeit.

Bald wieder auf der Liebe Fittigen zurück
Zu deiner Rosemunde zu eilen
Versprachst du mir!
Und schon zum zwölften Mahl
Sieht Luna mich,
Ach! ohne dich,
In diesem traur'gen Hain
Allein
Durch öde Lauben irren,
Ein liebender Schatten,
Der seinen Gatten
An Lethens Ufern sucht —
Ach! Heinrich! was ist Ruhm?
Was ist der Nachwelt eitles ungenofsnes Loos?
Du kämpfst um Lorbern, und die Rosen welken,
Die dir die Lieb' erzog!

*Sie wirft sich neben der Urne auf die Rasenbank, und
fällt in ihr voriges Staunen.*

Die Musik sinkt aus der zärtlichsten Schwermuth stufenweise zu einschlummernder Ruhe herab. Plötzlich ge-
bietet sie wieder Aufmerksamkeit. Der Pavillon, die
Grotte, und ein Theil der Gärten stehen herrlich erleuch-
tet da, und der Kor der Jungfrauen tritt auf. Rosemunde
wird von dem allen nichts gewahr, bis der Kor zu singen anfängt.

FÜNFTE SCENE.

Der KOR der Jungfrauen, von EMMA und
LUCIA geführt, nähert sich Rosemunden.

KOR.

Still' deine Klage,

Geliebte Holde!

Gieb deinen Sorgen

Nicht länger Raum!

EMMA.

Getrost! dir spinnen

Die Glücksgöttinnen

Tage von Golde,

All' deine Plage

Ist dann ein Traum.

KOR.

Still' deine Klage,

Geliebte Holde!

ROSEMUNDE.

Gieb deinen Sorgen

  Nicht länger Raum!

ROSEMUNDE.

Ihr ruft zur Freude mich,

  Geliebte Schwestern?

Ach! alle Freude wich

  Mit Ihm von hier.

Seufz' ich in banger Nacht

  Hinauf zum Morgen —

Der Morgen kommt — wofür? —

  Er ist wie gestern!

Bringt meines Lebens Licht

  Nicht näher mir!

KOR.

Still' deine Sorgen,

Geliebte Holde!

Tage von Golde

Entspinnen sich dir.

LUCIA.

Bald weicht die Nacht

Dem schönen Morgen

Der frey dich macht.

KOR.

O sel'ge Stunde

Des Wiedersehens!

LUCIA.

Er eilt, der Sieger —

Wie schön, wie warm! —

O Rosemunde,

In deinen Arm.

KOR.

O sel'ge Stunde!

EMMA.

Er kommt, von Siegesarbeit heifs

An deinem Blick sich aufzufrischen:

Du wirst den Heldenschweifs

Ihm von der Stirne wischen.

Dem goldnen Helm sein lockig Haar ent-

biuden,

Und um sein Lorberreis

Der Liebe Rosen winden.

KOR.

Still' deinen Kummer,

Geliebte Holde!

Entwach, entwache

Dem Zauberschlummer,

Dem bangen Traum!

ROSEMUNDE.

Ist's möglich? ist mein Glück so nah?

Ein Kor von Tänzerinnen, im Kostum von Nymfen,
erscheint.

EMMA und LUCIA.

Sieh, es nähern sich im Reihen

Dir die Nymfen dieser Haine,

Deinen Kummer zu zerstreuen,

Dich zur Freude einzuweihen;

Gieb der süfsen Ahnung Raum!

Tänze der Nymfen.

EMMA.

Gleich ihnen umtanzen

Die Stunden der Wonne

In frohem Getümmel

Die kommende Sonne;

Schon wallet am Himmel

Ihr glänzender Saum.

KOR.

In süfsem Getümmel

Umtanzen die Stunden

Der Liebe, der Wonne

Die kommende Sonne:

Entwache, Geliebte,

Dem ängstlichen Traum!

Die Nymfen beginnen einen neuen Reihentanz; mitten in
demselben fällt der Vorhang.

———

ZWEYTER AUFZUG.

ERSTE SCENE.

Galerie im königlichen Palast mit einer andern Aussicht in die Gärten.

KÖNIGIN, dann BELMONT.

KÖNIGIN.

Zwey Tage noch, so ist er wieder hier,
Und schmiegt sich wieder in die schnöden Fesseln
Der Zaubrerin! — Sie triumfiert —
Und ich — kann wenn ich will in einen Winkel
　　　　　　　　　　mich
Verbergen, meine Schmach und sein verlornes
　　　　　　　　Herz
Beweinend. — Nein, beym Himmel! Elinor

Hat andre Waffen, an
Verräthern sich zu rächen,
Als Weiberthränen!

BELMONT.

Diesen Augenblick, Gebieterin,
Bringt uns ein Bote keichend
Die Nachricht, dafs der König näher ist
Als wir geglaubt. Er eilt die ganze Nacht,
Um mit der Sonne Woodstock zu erreichen.

KÖNIGIN vor sich.

Wie ungeduldig! — Wohl! so ist es Zeit!

Zu Belmont.

Geh, Belmont, nach dem Thurm, und fordre
Den Rittersmann, der ihn bewacht,
In meinem Nahmen auf, die Pforte
Des Labyrinths zu öffnen.

BELMONT.

Er wird sich weigern.

KÖNIGIN.

Sag' ihm den Befehl.

Von seiner Königin, und zaudert er,
So zwing' ihn!

Belmont geht ab.

ZWEYTE SCENE.

KÖNIGIN allein.

Ha! die ganze Nacht durch! —
Mit der Sonne hier zu seyn —
Und diese Eile, diese Hitze nicht für mich,
Für seine Rosemund'! — In ihre Arme eilst du
Und Elinor ist nicht mehr — kann
Am Nahmen einer Königin   —
Sich g'nügen lassen! Und
Auch diesen leeren Nahmen,
Wie lange wird ihr noch erlaubt seyn ihn

tragen?

Verruchter Gedanke,

Nein, dich ertrag' ich nicht!

Nichts mehr zu schonen

Machst du zur Pflicht!

Sie staunt.

Habt Dank, ihr Rachgöttinnen!

Diefs soll mich befreyn!

Ich eile von hinnen —

O stärkt meine Sinnen,

Und weihet zur Rache,

Zur Rache mich ein!

ab.

DRITTE SCENE.

Der Schauplatz verwandelt sich in den Vorhof des Thurms, der den Labyrinth verschliefst. Nacht mit Mondschein.

BELMONT

kommt und klopft an der eisernen Pforte.

Er soll mich hören,

Läg' er im Todesschlaf!

Er klopft stärker.

DER RITTER des Thurms von oben herab.

Wer klopft so spät an dieser Pforte?

Bayerische Staatsbibliothek MÜNCHEN

BELMONT.

Herr Ritter, steigt herab und öffnet mir.

RITTER des Thurms.

Wer bist du?

BELMONT.

Belmont, von der Königin gesandt.
Ihr sollst du stracks die Eisenpforte öffnen,
Ist ihr Befehl.

RITTER des Thurms.

Ich öffne nicht.

BELMONT.

Wie? du verachtest das Gebot
Von deiner Königin?

RITTER des Thurms.

Ich öffne nicht.

BELMONT.

So komm herab, wenn du ein Ritter bist,
Und wehre mit dem Schwert in deiner Faust
Den Eingang mir!

Die Pforte öffnet sich, und der Ritter des Thurms kommt
heraus.

RITTER des Thurms.

Weg von der Pforte,

Verwegner, oder bezahl

Den Frevel mit deinem Blut.

BELMONT.

Was sollen Worte?

Sie öffnen soll mir mein Stahl

Trotz deiner Wuth!

RITTER des Thurms.

Weg von der Pforte!

BELMONT.

Was sollen Worte?

BEIDE.

Sie schützen ⎱
Sie öffnen ⎰ soll mein Stahl

Trotz deiner Wuth!

Die Ritter fechten.

VIERTE SCENE.

Die KÖNIGIN zu den VORIGEN. Edelknaben mit Fackeln vor ihr her; etliche Schildknappen folgen ihr.

KÖNIGIN, auf den RITTER des Thurms zugehend.

Verräther, du erfrechst dich, meinem Willen
Zu widerstehn?

RITTER des Thurms, sich vor die Pforte stellend.

Des Königs Auftrag — meine Pflicht —

KÖNIGIN.

Weg! hier ist keine Pforte
Die mir sich schließen darf —

Zu den Schildknappen.

Bemächtigt euch
Des Frevelhaften!

Sie geht hinein.

BELMONT zum Ritter des Thurms.

Ergieb dich — folg' uns!

RITTER des Thurms.

Unsel'ge Nacht! — Verräther, so betrogst du mich
Aus meiner Pflicht? Ich bin verloren. Aber euch
Wird bald die Rache treffen — Zittert alle vor
Des Königs Zorn! — Mit mir macht was ihr
wollt.

Er giebt sein Schwert von sich und geht mit ihnen ab.

FÜNFTE SCENE.

Das Innere des Labyrinths. Alles zeigt sich wieder, wie
es zu Ende des ersten Aufzugs war. ROSEMUNDE unter einer Laube sitzend, das Gesicht halb in Emma's Arm
verborgen; Lucia neben ihr; die JUNGFRAUEN
und Nymfen in verschiednen Gruppen verstreut. Eine
der Nymfen ist in einem Solotanz begriffen; auf einmahl erscheint die KÖNIGIN, ohne bemerkt zu werden.
Belmont folgt ihr, und verliert sich sogleich wieder
im Gebüsch.

Die KÖNIGIN
stutzt über den Anblick und bleibt stehen.

Vor sich.

Wie? was bedeutet dieses Fest?
Ha! sollt' er heimlich schon gekommen seyn?

Ein Reihentanz der Nymfen und Jungfrauen beginnt.
Die Königin geht einige Schritte vorwärts, und wird
erblickt. Ein allgemeines Schrecken verbreitet sich. Die
Nymfen bleiben mitten im Tanz in Stellungen des Schrek-
kens wie versteinert schweben.

KOR DER JUNGFRAUEN.

O Himmel! wer nähert sich da?

ROSEMUNDE, von ihrem Sitz auffahrend.

Gott! ich bin verloren!

Alle fliehen in Verwirrung, bis auf Emma und Lucia, die
bey Rosemunden stehen bleiben.

KÖNIGIN, auf sie zugehend.

Was fürchtest du?

ROSEMUNDE.

Erhabne Frau,
Wenn eine Sterbliche du bist,
Wer bist du? und wie fandest du
Den Weg hierher?

KÖNIGIN.

Sag' erst wer Du bist und wie Du hierher
kommst?

ROSEMUNDE.

Dein Blick verwirrt mich, schreckt mich —

KÖNIGIN.

Kenntest du mich erst!

ROSEMUNDE.

Weh mir! Mir ahnet was!

KÖNIGIN.

Dir ahnet wahr! Ich bin's!

Rosemunde fällt ihr zu Füssen.

Dein Nahm' ist Rosemunde?

ROSEMUNDE vor sich.

O Gott! — Was kann ich sagen? —

Zur Königin.

Ach!

Wenn nichts für mich in deinem Herzen spricht --

O läg' ich tief in meinem Grab!

KÖNIGIN.

Elende! weg aus meinen Augen, weg!

Zu Emma und Lucia.

Führt sie in ihr Gemach!

Mit eurem Leben steht ihr mir für sie.

*Rosemunde richtet sich auf, wirft einen edlen Blick auf
die Königin, und geht mit Emma und Lucia ab.*

SECHSTE SCENE.

KÖNIGIN allein.

Beynah entwaffnete ihr Anblick meinen Grimm.
Die Unglücksel'ge! wie sie zitterte! —
Weh dir, Verführer! — Ganz gewiſs, sie lebte
In Unschuld eh' sie Dich
Erblickte! eh' dein Liebe lügend Aug'
Und deine Schlangenzunge sie bethörte!
Aber nichts soll ihr
Die Unschuld helfen, die sie nicht
Bewahren konnte! Fallen soll sie, deines
Verbrechens Opfer! — So bestraf' ich dich,
Treuloser, in der Thörin, die der Liebesrausch
Sich selbst vergessen macht! —
Mit welchem Blick sie von mir ging!
Als dächte sie, noch immer bald genug
Mich im Triumf zu führen,
Die Unverschämte! — Belmont! — Belmont!

SIEBENTE SCENE.

KÖNIGIN, BELMONT herbey eilend.

BELMONT.

Hier, Gebieterin!

KÖNIGIN giebt ihm einen Schlüssel.

Nimm diesen Schlüssel, eil' in mein Gemach,
Da steht ein goldener Pokal,
Den bringe mir hierher!
Trag' ihn behutsam! — Er enthält —
Was — bald mir Ruhe schaffen soll.

BELMONT, erschrocken.

Gebieterin! —

KÖNIGIN.

Gehorch!

BELMONT.

Bedenke, Königin, die Folgen einer
Zu raschen That! Sie wird zu grenzenloser Wuth
Den König treiben — und er ist so nah!

KÖNIGIN.

So minder darf ich Zeit verlieren!

BELMONT.

Bey deinem Leben, grofse Königin,
Beschwör' ich dich! — Verzeih'!
Nur Treue gegen dich zwingt mich zum Unge-
horsam.

KÖNIGIN.

Feigherziger! du hast sie mir verrathen,
Und nun — nun bist du muthlos, meiner Rache
Die Hand zu bieten?

BELMONT.

Gehorchend that ich meine Pflicht;
Itzt thu' ich sie mit Nichtgehorchen.

KÖNIGIN.

Den Schlüssel mir zurück!

BELMONT.

Du rennst in dein Verderben!

KÖNIGIN heftig.

Ich will gerochen seyn! —
Den Schlüssel!

BELMONT, nach einigem Zögern.

Königin, du willst's — so muß ich denn!
Er geht ab.

ACHTE SCENE.

KÖNIGIN allein.

Der Schlange Kopf, die mich gestochen,
Ist unter meinem Fuß, und nicht
Zertreten sollt' ich ihn?
Wen soll ich scheuen? — Furcht
Geziemt dem Schuldbewußten,
Nicht dem Beleidigten, der Recht sich schafft!
Sie zieht einen Dolch aus ihrem Busen.

Wie süß wird dir die Rache seyn,

Stolze, gekränkte Seele!

Sie wähle nun, zu schärfrer Pein,

Gift, oder diesen Stahl!

Sie, die zu ihren Füßen liegen

Dich sah, verräth'rischer Gemahl,

Jetzt soll sie sich zu meinen schmiegen,

Und jedes strafbare Vergnügen

Büfs' eine Todesqual!

ab.

NEUNTE SCENE.

Ein Zimmer im Pavillion. ROSEMUNDE auf einem
Ruhebette, in grofser Niedergeschlagenheit. EMMA neben ihr.

EMMA.

Sey ruhig, holde Liebe!

In wenig Stunden sind wir wieder frey.

Der König naht —

ROSEMUNDE.

O· Emma, welch ein Wechsel!

O lafs mich weinen, weinen bis

Die Augen mir erlöschen!

Ich fühl's — tief fühl' ich's hier,

Es ist geschehn um Rosemund'! —

Gott! von wie vielen dunkeln traur'gen Tagen

Und thränenvollen Nächten ist

Der traurigste,
Die thränenvollste — diefs!
Vielleicht die letzte!

EMMA.

Bald ist sie vorüber
Die Wolke, die dich schreckt, und alles, Rose-
                                        mund',
Ist wieder hell um dich und wonnevoll —
Er eilt in deinen Arm, dein Schützer und
Dein Rächer! —
Gewifs er wird nicht ungerochen lassen
Was dir begegnet ist.

ROSEMUNDE, aufstehend.

O nichts von Rache! Alle Schuld ist mein!
Ach, dafs der Zauberschleier eher nicht
Von meinen Augen fiel!
Ach, dafs er jemahls mich umnebelte!
O Emma! fühlen müssen:

  „All diese Liebe, diefs beym ersten Blick
  So ganz gewonnene, so ganz
  Dahin gegebne Herz,
  Diefs stete Sehnen nur nach Ihm,

O dieſs für Ihn nur leben,

Für Ihn nur athmen, was noch kaum der Stolz

Von meinem Herzen war —

Ach, Emma, Emma, soll dieſs Herz

Nicht beraten, da ich fühl' —

Es ist Vorbrechen! — Er, den ich allein

                                geliebt,

Allein aus allem in der Schöpfung,

Kann mir niemahls, niemahls angehören!

Nie darf ich wieder nur

Die Augen auf zu ihm erheben! —".

Emma, fühlest du

Den ganzen Umfang meines Elends?

         Sie sinkt wieder auf das Ruhebette.

        EMMA, mit höchster Zärtlichkeit.

Liebste Rosemund'!

Laſs ab! Entflieh den ängstlichen Gedanken!

Flieh aus dir selbst! Komm, lege deine Stirn

An meine Brust, und ruhe!

        Sie setzt sich neben Rosemunden.

Wie ein Kind, in Mutterarmen

Eingewieget, schlummre, schlummre

Ein an deiner Freundin Brust!

Unsers Kummers sich erbarmen

Wird der Himmel! Lohnt uns Armen

Jede Angst mit süfsrer Lust!

Wie ein Kind, in Mutterarmen

Eingewieget, schlummre, schlummre

Ein an deiner Freundin Brust!

Man hört ein Geräusch.

ROSEMUNDE, auffahrend.

Weh mir! Was hör' ich —

EMMA.

Fürchte nichts!
Es ist nur Lucia — vielleicht dein Heinrich selbst;
Ich will —

Sie geht auf die Thüre zu.

ROSEMUNDE, sie beym Arme haltend.

O gute Emma —
Verlafs mich nicht!

Die Thüre öffnet sich, zwey Schildknappen bemächtigen sich der Emma, und schleppen sie hinweg. Man
hört hinter der Scene:

EMMA.

Laßt mich! Ich will, ich muß zu ihr.

KÖNIGIN, hinter der Scene.

Bringt sie in Sicherheit!

EMMA.

O Hülfe! Hülfe!

Rosemunde eilt bestürzt der Thüre zu.

ZEHNTE SCENE.

Die KÖNIGIN tritt herein, in der rechten Hand einen
Dolch, in der linken den Giftbecher haltend.

ROSEMUNDE, zurück fahrend.

O Hülfe! Emma! Hülfe! rettet mich!

KÖNIGIN.

Verworfne! du rufst umsonst nach Hülfe!
Erkenne mich — und zittre!

ROSEMUNDE angstvoll.

O Gnade, Gnade, große Königin!

KÖNIGIN vor sich.

Sie rührt mich wider Willen — Stark, mein Herz!
In wenig Stunden wär' ich so in ihrer
Gewalt, wie sie in meiner jetzt —

Zu Rosemunden.

Mich zu erweichen hoffe nicht!
Du bist zur Strafe reif!

ROSEMUNDE.

Laß meine Jugend — ach! ich wag' es nicht
Zu sagen, meine Unschuld — dich erbarmen!
Und doch — du Himmel, weist's!

KÖNIGIN.

Der mag sich dein erbarmen,
Verbrecherin! — Ich bringe dir — den Tod.
Hier! wähle! hier ist Gift, und hier ein Dolch!

ROSEMUNDE.

Entsetzlich! — Königin, ich bin in deiner Macht —
Sey groß und königlich — Verzeih der Armen
In Staub Gedrückten! Sag', was kann ich thun
Dich zu versöhnen?

KÖNIGIN.

Stirb!

ROSEMUNDE.

Verstatte mir, in heil'ge Mauern mich
Vor allen Menschen zu verbergen! Schenke mir
Die kurze Frist! Mein Gram
Wird diesem armen Leben bald genug
Ein Ende machen.

KÖNIGIN.

Thörin, weg
Mit deinen Künsten! Denkest du
Auch mich damit zu fangen?
Hier — nimm und stirb!

ROSEMUNDE, weinend.

Laſs diese Zeichen

Der herzlichen Reu',

O laſs sie dich erweichen

Verzeih der Sünderin,

–Verzeih, verzeih.

KÖNIGIN.

Vergebens krümmst du dich

Mich zu erweichen;

Falle, Verbrecherin,

Ein Opfer beleidigter Treu'!

ROSEMUNDE, ihre Knie umfassend.

Sieh, mit gerungnen Armen

Fleht Rosemunde!

Auch deine Stunde

Wird kommen, Königin!

Auch Du wirst um Erbarmen

Zum Himmel flehn, wie ich

Dir flehe — Königin,

Erbarme dich!

Laſs dich erweichen!

KÖNIGIN.

Du flehst vergebens!

ROSEMUNDE.

Erbarme dich, verzeih!

KÖNIGIN.

Falle, Verbrecherin,

Ein Opfer beleidigter Treu'!

ROSEMUNDE

steht auf und greift nach dem Becher.

So gieb, Tyrannin, und der Richter dort

Verzeih' dir meinen Tod!

Sie trinkt den Becher aus. Die Königin wendet sich
plötzlich weg, wirft sich in einen Lehnstuhl neben einem
Tisch, und verbirgt ihr Gesicht.

ROSEMUNDE.

So ist's geschehn! — Ich sterb' —

Und sterbend, göttliche Gerechtigkeit,

Bet' ich dich an! — Vor dir

Ist Rosemund' nicht schuldlos! — Nimm,

Die Schwachheit eines zärtlichen,

Nichts böses ahnenden, in seiner ersten Liebe

Verirrten Herzens abzubüfsen,
Mein Leben an! —

Zu Elinor.

Doch, wisse, du,
Durch deren Hand das Schicksal mich bestraft,
Mein Herz betrog mich, aber rein
Und unbefleckt war meine Liebe,
Und grofs, ach! allzu grofs — ihr Gegenstand!
Sein allzu blendendes Verdienst
Wird Mitleid mir bey allen guten Herzen
Erwerben! — Und auch dieses wisse, Grausame,
Er ehrte meine Unschuld — liebte mehr
Als sein Vergnügen mich —
Wohl mir! ich fall' ein reines Opfer! — und
(O gönne mir, du, der für Ihn zu leben
Mir nicht erlaubt, o Himmel, gönne mir
Den süfsen Trost!) — ich sterb' um Seinetwillen!

Sie ermattet, und wankt dem Ruhebette zu.

KÖNIGIN vor sich.

Ich war zu rasch! —

ROSEMUNDE.

Wie wird mir! — Welches Schaudern! — Welch
ein Flor

Um meine Augen! —

Wie schwer! wie kalt! —

Sie sinkt auf das Ruhebette.

Nur deine Liebe — fühl' ich —

Noch warm — in diesem — eisumfangnen Her-

zen! — Emma!

Bring ihm — diefs letzte, letzte —

*Sie sinkt mit dem Kopf aufs Küssen, und schliefst
die Augen. Die Königin steht nach einer Weile auf, nähert sich ihr, ergreift eine ihrer herab gesunknen Hände,
und läfst sie plötzlich wieder fallen.*

EILFTE SCENE.

BELMONT, hastig herein tretend,
zur KÖNIGIN.

Gebieterin,

Man hört von ferne schon den Jubelschrey

Der königlichen Schaar — Kein Augenblick

Ist zu verlieren — Fliehe, retto dich!

KÖNIGIN.

Sind meine Ritter alle schon versammelt?

BELMONT.

Ja! Doch, was vermag der kleine Haufe?

KÖNIGIN.

Fürchte nichts!
Bald soll er furchtbar werden! —
Jetzt eile, schaffe diesen Rest
Der Unglückseligen hinweg,
Dann folge mir!

Sie geht ab.

ZWÖLFTE SCENE.

BELMONT allein.

Ein wilder Sturm zieht gegen uns daher —
Was wird der Ausgang seyn?
Jetzt, Schicksal, gieb mir Muth
Und festen Blick auf deinen Wink!

In nächtlichen Wettern,

Wenn rasende Stürme

Den Wald entblättern,

Die Pole krachen,

Und uns bey jedem Blitz

Der Hölle sich öffnender Rachen

Den qualvollen Sitz

Verdammter Seelen entdeckt:

Wohl dem alsdann, den — ungeschreckt

Wo Frevler tief erzittern müssen —

Sein schirmendes Gewissen

Mit Engelsflügeln deckt!

ENDE DES ZWEYTEN AUFZUGS.

DRITTER AUFZUG.

ERSTE SCENE.

Ein offner Platz vor dem Palast, der mit den Gärten zusammen, hängt. Sonnenaufgang. Ein Feldmarsch von ferne.

KOR der SCHILDKNAPPEN, dann KÖNIG HEINRICH vom KOR der RITTER begleitet.

KOR der Ritter.

Triumf dem Sieger

Vom Gallischen Strand!

KOR der Schildknappen.

Willkommen, Vater,

Dem Vaterland!

KÖNIG HEINRICH.

Willkommen hier,

Ihr edeln Schaaren!

Ihr theiltet Arbeit und Gefahren,

Theilt Lust und Ruhe nun mit mir!

BEIDE KÖRE.

Triumf dem Sieger

Vom Gallischen Strand!

Willkommen, Vater,

Dem Vaterland!

KÖNIG HEINRICH.

Dank, Freunde, Dank euch allen! Eure Treu'
Ist tief in Heinrichs Herz gegraben — Itzt

Entfernet euch, und gebt den müden Sinnen
Die wohl verdiente Ruh!

Beide Köre gehen ab.

ZWEYTE SCENE.

KÖNIG HEINRICH allein.

So athm' ich wieder dich,

Du süße Luft,

Die mir

Von Ihr, von Ihr,

Entgegen weht!

Bin ich so nahe Dir?

Kaum kann ich's glauben!

Ihr holden Lauben,

In deren Morgenduft

Sie geht,

Empfanget mich!

Wie gierig athm' ich dich,

Du süfse Luft,

Die mir

Von Ihr, von Ihr

Entgegen weht!

Er eilt dem Garten zu.

DRITTE SCENE.

Ein Blumengarten im Labyrinth, mit Rosenbuschen,
und Vasen mit Schasminen, Myrten, Orangen u. s. w.
geziert.

EMMA und LUCIA, mit dem KOR der
JUNGFRAUEN, kommen hervor.

KOR.

Schwarze Stunde,

Herber Fall!

Klaget, klaget

Der schönsten Blume Fall.

EMMA.

Kommt, Schwestern, an die traur'ge

Pflicht!

Kommt, lafst uns Blüthen pflücken!

Schont, ihren Sarg zu schmücken,

Des Frühlings schönste Kinder nicht!

Sie vertheilen sich und pflücken Blüthen und Blumen.
Nach einer Weile finden sie sich unvermerkt wieder bey-
sammen, sehen einander traurig an, und brechen in die
erste Klage aus.

KOR.

Schwarze Stunde!

Herber Fall!

EMMA.

Sie sind erstorben

Auf ihrem Munde,

Die Rosen all':

O klaget, klaget —

KOR.

Klaget, klaget
Der schönsten Blume Fall.

Bey den letzten Worten erscheint der König.

VIERTE SCENE.

KÖNIG HEINRICH, DIE VORIGEN.

KÖNIG HEINRICH, im Hervorgehen.

Die Pforte offen! — Klagetöne
Von innen her! — Mir schaudert —

Er erblickt den Kor.

Himmel! was
Erblick' ich! Töchter, wo ist Rosemund'?

EMMA, angstvoll.

Ach Herr! — Sie ist —

KÖNIG HEINRICH.

Was ist sie? Rede!

EMMA.

Gott! wie kann ich's sagen?

KÖNIG HEINRICH, hastig.

Wie? Sie ist —

Er fährt vor seinem eignen Gedanken zurück.

EMMA.

Das schreckliche Geheimnifs
Erstarrt in meinem Mund —

KÖNIG HEINRICH.

Sag' alles! Das Entsetzlichste ist schon gesagt!

EMMA.

Die Königin, mit Gift und Dolch in Händen
       drang
Zu uns herein, und — ohne Leben fanden wir
Das Opfer ihrer Wuth.

KÖNIG HEINRICH, mit Wehmuth.

Unglückliche! Euch war sie anvertraut —
Ihr liebtet sie — und liefst sie tödten?

EMMA.

Wollte Gott
Ich hätt' Ihr Leben mit dem meinigen
Erkaufen können! —

Gerissen wurd' ich mit Gewalt
Von ihrer Seite —

KÖNIG HEINRICH.

Eilet! ruft die Ritter alle, die mit mir
Gekommen, laſst die Burg umringen,
Daſs nichts entrinne! Eilt im Flug!

Der Kor geht ab.

FÜNFTE SCENE.

KÖNIG HEINRICH allein.

Ermordet? — todt? — Ah tausend Dolche sind
In dir, unseliger Gedank'!
Und tausend Furienfackeln,
Alles anzuzünden, alles zu zerstören
Was Leben hat — O Rache! Rache!
Was säum' ich?

Er will abgehen.

SECHSTE SCENE.

BELMONT,
sich dem Könige zu Füſsen werfend.

Herr! erheitre dich — Sie lebt!

KÖNIG HEINRICH.

Sie lebt? und ihre Schwestern, all' in Thränen,
Beweinen ihren Tod?

BELMONT.

Bey deinem eignen Leben, Herr,
Sie ist gerettet!

KÖNIG HEINRICH.

Zittre, wenn du mich betrügst!

BELMONT.

Die Königin ist die Betrogne — Rosemunden
Zu retten, wechselt' ich
Das ihr bestimmte Gift mit einem Trank,
Der, schnell betäubend, wie in Todesschlaf
Die Sinne senkt — doch schadlos, durch ein Ge-
                            gengift
Von gleich behender Kraft —

KÖNIG HEINRICH.

Sie lebt? — O Belmont, rede wahr
Und nimm die Hälfte meines Reichs!

BELMONT.

In diesem Augenblick vielleicht
Erwacht sie wieder —

KÖNIG HEINRICH.

Vielleicht? — Du zweifelst noch?
Elender! Hüte dich vor meinem Grimm!

BELMONT.

Ich bin der Kraft des Gegengifts gewifs.

KÖNIG HEINRICH.

So führe eilends mich zu ihr.

Sie eilen ab.

SIEBENTE SCENE.

Rosemundens Zimmer: Sie liegt auf einem Ruhebette.
Die Musik bereitet eine Zeit lang zu dem was folget.
Während solcher macht Rosemunde einige Bewegungen, als eine Person, die allmählich aus einem tiefen Schlaf
erwacht.

ROSEMUNDE.

Wo bin ich? —
Wie glänzend alles um mich her!

Wie wohl ist mir! — Erwacht
Ins befsre Leben? — Aber — welch ein Nebel
fällt
Von meinen Augen?
Ich bin ja — wo ich war! Find' alles wieder,
Erkenne alles —

Sie fühlt sich selbst an.

Wunder! Wunder!
Ich lebe noch! — So war es nur
Ein schwerer Traum? — Ich sah die Königin,
Wuth in den Augen — Gift und Dolch
In ihren Händen, drang sie auf mich zu —
Ich fleht' ihr angstvoll — unerbittlich blieb
Die Schreckliche — Ich nahm den Todeskelch
Und trank, und starb — und lebe noch?
Und finde hier mich wieder —

O Emma, Lucia, wo seyd ihr?
Hat alles mich verlassen? War es nur
Ein grausam Spiel
Das meine Feindin mit mir trieb? Erwartet
Mich ärgers noch?

Ach, Heinrich! eile deiner Rosemunde
Zu Hülf'! — Ein Augenblick zu spät
Kann uns auf ewig trennen!

ACHTE SCENE.

KÖNIG HEINRICH und BELMONT

zu Rosemunden.

KÖNIG HEINRICH
mit offnen Armen auf sie zueilend.

Nein, holde Rosemund',
Uns trennen soll kein Schicksal mehr!

ROSEMUNDE,
in frohem Schrecken.

O Himmel! Du? Mein König, Du? —
Du noch in meinem Arm?
O Wonnetod! Nun laſs mich sterben!

KÖNIG HEINRICH.

Theure Rosemunde,
Du lebst! ein Wunder hat dich mir erhalten.
Noch schaudern alle
Gebeine mir! So nah dem Elend ohne Grenzen

Dich todt zu finden! — Sieh den Mann,
Dem ich dein Leben schuldig bin!

BELMONT.

Wer hätte nicht
Sein eignes drán gewagt, um solch ein Leben
Zu retten?

KÖNIG HEINRICH.

Ah! Wo war mein Sinn?
Ich konnte dich verlassen? Fern von mir
Dich sicher glauben? — Dachte nicht,
Daſs eine Schlang' ich hinter mir
Zurück lieſs, deren Athem dich vergiften würde?

ROSEMUNDE.

O dieser Augenblick
Vergütet alles! — Aber, laſs Geliebter,
Laſs zu mir selbst mich kommen!
Der Freuden Überschwang erdrückt mein Herz.
Der Wechsel ist zu schnell, zu unverhofft,
Zu groſs mein Glück als — daſs es dauern könnte.

KÖNIG HEINRICH.

Sey ohne Furcht! Ist Heinrich nicht bey dir?

Vorüber ist der Sturm,

Der Donner schweigt,

Des Himmels Auge zeigt

Sich allerheiternd wieder,

Und sanfte Stille läfst sich nieder

Auf Wald und Flur:

O zage nicht,

Du holde Rose!

Entfalte prangend dich

Im Sonnenlicht;

Sey deines Heinrichs Wonne wieder,

Und blüh' die Zierde der Natur!

Er geht ab.

NEUNTE SCENE.

ROSEMUNDE, BELMONT.

ROSEMUNDE.

Noch immer ist's
Ein Wunder meinen Augen dafs ich athme.

Ich, die vor wenig Stunden
Aus einer Furie Hand den Todeskelch empfing,
Und seine ganze Bitterkeit
Hinunter schlang, — ich leb', und deine Wohlthat
ist's,

Du Edler?

BELMONT.

Nenn, o Schönste, nicht mit diesem Nahmen
Was ein Barbar, ein Wilder selbst, so bald
Er Dich erblickt, zu thun nicht unterlassen konnte!

ROSEMUNDE.

Wie kann ich dir vergelten? — Ach! noch schlägt
mein Herz
Zu furchtsam, um den Werth der Wohlthat ganz
zu fühlen,
Die ich dir danke!

ZEHNTE SCENE.

EMMA, in Eile, zu den VORIGEN.

Sie stürzt sish in Rosemundens Arme — reifst sich aber
schnell wieder los und spricht:

EMMA.

O fliehe, Rosemund'! die Königin ist nah.

Sie drang sich durch die Ritter, so die Burg
                              erfüllen,

Und stürmt hierher. —

ROSEMUNDE.

Weh mir! Wo flieh' ich hin?

BELMONT.

Besorge nichts! Des Königs Gegenwart

Hat ihren Grimm entwaffnet.

ROSEMUNDE.

Sie kommt —

Zu Belmont.

O halte sie zurück!

Indem die Königin herein tritt; flieht Rosemunde in ein
Kabinet, das an ihr Zimmer stöfst. Emma folgt ihr.

EILFTE SCENE.

Die KÖNIGIN, BELMONT.

KÖNIGIN.

Was seh' ich?

Zu Belmont.

Ha! Verräther! So betrogst du mich?

BELMONT.

Zu deinem Besten, Königin, wofern du selbst
Nicht deine Feindin bist.

KÖNIGIN.

Du drohest noch?

ZWÖLFTE SCENE.

Der KÖNIG, DIE VORIGEN.

KÖNIG HEINRICH.

Verwegne! Wie? Du wagst dich einzudringen, wo
Die stummen Wände selbst dir deine That
Laut in die Seele donnern?
Entferne dich!

Zu Belmont.

Geh, wache für des Engels Sicherheit!

Belmont geht ab.

KÖNIGIN.

Ein Wort nur, Heinrich! — Nicht was ich
gethan
Entschuldigen — nicht Rechte geltend machen,
Die einst, in bessern Zeiten, mir die Liebe gab!

Ich weiß — verloren ist für mich dein Herz,
Und ich — verschmäh' es, dir, wie eine arme
Verlaßne, Klagen vorzuwinseln.

KÖNIG HEINRICH.

Wie? du kommst mir gar ins Angesicht zu trot-
zen?.

KÖNIGIN.

Laß mich vollenden, und dann wähle, nach Ge-
fallen,
Schmach oder Ruhm!
Ich weiß — verloren ist dein Herz für mich;
Es sey! Vergessen sey's, daß mich gewonnen
Zu haben einst dein Stolz war, daß ich dich
Allein aus allen Königen der Welt
Einst meiner würdig hielt! Es ist vorbey!
Nur daß ich allem Theil an deiner Ehre
So schnell entsage, das erwarte nicht!
Ist dieß ein Rest von Liebe, so verzeih' ihn mir,
Und o um deinetwillen nur
Bedenke was du bist, und was du warst!
Was deines Lebens Frühling einst
Der Welt versprach, und was
In seiner üppigsten Verschwendung

Das Glück für dich gethan!
Zu welcher Glorie du den edeln Nahmen
Plantagenet erhöhen konntest! — Heinrich,
Bedenk' es, und — erröthe vor dir selbst!

KÖNIG HEINRICH.

Und du — besudelt mit der frischen Schande
Des Meuchelmords — erfrechest dich
Der Ehre heil'gen Nahmen auszusprechen?
Du wirfst zum Vormund dich
Für meine Ehre auf? —
Verlass mich! Herrsche wo du Recht
Zu herrschen hast — Nimm sie zurück
Die Länder Galliens, dein Erbgut — Geh,
Und, wenn du kannst, verbirg
Im Glanz des Throns die Schwärze deiner Seele.

KÖNIGIN.

Und solch ein Opfer deiner niedrigen
Sinnlosen Leidenschaft zu bringen, wärst du fähig?

KÖNIG HEINRICH.

Viel besser, als noch länger meines Lebens Ruh
Und Glück den Deinigen zu opfern!

KÖNIGIN.

Bethörter, du verdienst nicht dafs ein Herz,
Wie meines, sich um deinetwillen kränke!
Ha! Nur zu wanken zwischen Elinor
Und — einer, deren Nahmen nur
Zu nennen meinen Mund befleckte!

KÖNIG HEINRICH.

Mörderin!

Aus meinen Augen! Du entehrst
Die Krone, die du trägst — Sie würde
Den Thron der Erde zieren!

KÖNIGIN.

Ha! ist's dahin gekommen? — Wohl! So eile nur,
Was hält dich? Habe sie! Ergetze Welt
Und Nachwelt mit dem Schauspiel deiner Thor-
heit!

Unwürdiger, du sollst sie haben!

Sie triumfier'!

Folg' ihrem Wagen in Fesseln nach,

Du sollst sie haben,

Und meine Seele soll

Sich laben.

An deiner Schmach!

Entehre dich mit ihr

   Vor allen Zeiten,

Setz' auf den Thron sie dir

   Zur Seiten,

Sey selbst das Werkzeug meiner Rache,

   Mache

Das Maſs der Schande voll!

Unwürdiger, du sollst sie haben!

   Sie triumfier'!

Folg' ihrem Wagen in Fesseln nach,

   Du sollst sie haben,

Und meine Seele soll

   Sich laben

     An deiner Schmach!

       Sie geht ab.

DREYZEHNTE SCENE.

KÖNIG HEINRICH allein.

Unsinnige, dein Toben
Beschleunigt deinen Fall.
Weg! keinen Augenblick verbittern sollst du mir
Die Wonne, den Triumf — zu krönen was ich
liebe.

Holde Schönheit, deinem Rechte

Huldigt alles, Erd' und Himmel!

Deine Fesseln stolz zu tragen

Folgen Helden

Deinem Wagen!

Selbst des Orkus finstre Mächte

Bändiget dein Zauberblick!

Eile, Göttin des Gerüchtes,

Ihren Sieg der Welt zu melden,

Ihren Sieg und Heinrichs Glück!

Indem er abgehen will, kommt ihm Rosemunde entgegen.

VIERZEHNTE SCENE.

ROSEMUNDE, KÖNIG HEINRICH.

ROSEMUNDE,
sich ihm zu Füfsen werfend.

Mein König, eine einzige, die letzte Bitte
Versage nicht der armen Rosemund'!

KÖNIG HEINRICH,
indem er sie aufrichtet.

Sprich, meines Herzens Königin,
Dein Wink ist mein Gesetz.

ROSEMUNDE vor sich.

O Himmel, stärke mich!

Zu Heinrich.

Die Rede stockt in meinem Munde — doch, ich
mufs! —
O höre meine letzte Bitte! Lafs mich fliehn,
Und meines Lebens Rest dem Himmel weihn!

KÖNIG HEINRICH.

Wie? Rosemund'? was ist dir? Grausame,
Welch eine Bitte? Du, du willst mich fliehn?

ROSEMUNDE.

O wenn ich je dir theuer war, so höre mich!
Du kennst dies Herz! Es war vom ersten Anblick
$\qquad$ dein!
Es überließ so willig sich
Dem süßen Irrthum! Unbekannt
Mit deinem Stande, war's so glücklich im Gedanken
Für dich allein zu schlagen! — Himmel! daß es
$\qquad$ nur
Ein Irrthum war! ein süßer Traum!
Ach Heinrich, diese schreckenvolle Nacht
Hat mich erweckt, im Donner mich erweckt
Aus meinem Traum!

KÖNIG HEINRICH.

Hat nur zum süßeren Genuß
Der Wahrheit dich erweckt.

ROSEMUNDE.

Ach! kann ich länger mir verbergen, daß mein
$\qquad$ Glück
Ein Blendwerk war? daß meine Liebe zwischen
$\qquad$ dir
Und deiner Königin, und deiner Ruhe steht?

Daſs sie — o schrecklicher Gedanke!
Daſs sie — Verbrechen ist?

KÖNIG HEINRICH.

O lästre nicht den seligsten
Der Triebe, lästre nicht dein eigen Herz.
Verbann' die grämlichen Gedanken,
Und überlaſs dich ganz
Der Wonne unsers Wiedersehns!

ROSEMUNDE.

Wie kann ich? — O mein König! eine Kluft
Ist zwischen dir und mir, die uns auf ewig
trennt!
O suche nicht durch deine Liebe mich
Hinab zu ziehn!

KÖNIG HEINRICH.

Sey ruhig! Deine Feindin selbst
Hat diese Kluft erfüllt.
Mit jener Hand, die dir den Giftkelch bot,
Zerriſs die Wüthende die Fesseln die mich drück-
ten!
Leer ist ihr Platz auf meinem Thron,
Und ihn zu füllen winkt die Liebe Dir!

ROSEMUNDE.

Ach! eine Hütte, Heinrich, nicht ein Thron!
Wie glücklich hätte sie mit deiner Liebe
Mein Herz gemacht!

O Liebe, warum machtest du
Uns nicht zu Hirten dieser Matten?

Dann wär' ich deine Schäferin!
Dann lebten wir, Ein Herz, Ein Sinn,
Die frohsten Hirten dieser Matten!
Und drückt' ich einst dein Auge zu,
So stiegen wir in Einem Nu
Umarmt hinab ins Land der Schatten!

O Liebe, warum machtest du
Uns nicht zu Hirten dieser Matten?

KÖNIG HEINRICH.

Auch dieses Glück, Geliebte,
Wird unser seyn. Des Thrones Sorge wird

Nicht alle Ruh mir rauben. Oft
Herunter steigen werd' ich, hier
Im Frieden dieser stillen Haine
Des Lebens reinste Wonn' in deinem Arm zu
suchen!
Nicht König mehr! Dein Schäfer! Alles, Alles dir
Wie du mir Alles! —

FUNFZEHNTE SCENE.

BELMONT zu den VORIGEN.

BELMONT.

Herr, die Königin mit ihrer kleinen Schaar
Hat von der Burg mit Dräuen sich entfernt.
Ihr folgt der allgemeine Haſs;
Und alle deine Ritter stehn, o Herr,
Und warten deines Winks!

KÖNIG HEINRICH.

Wohl, dafs die Mörderin sich selbst verbannt!
Itzt lach' ich ihrer Wuth! —
Geh, Belmont, rufe meine Ritter in den Sahl:

Ich kann nicht bald genug von allem was mir
dient.
Gehuldigt sehn der Göttin meines Herzens.

ROSEMUNDE.

Mein König! O was willst du thun? Verzieh!
Verschieb —

KÖNIG HEINRICH.

Nicht einen Augenblick!
Geh, Freund, vollende deines Königs Glück!

BELMONT.

Willkommener Befehl!

Er geht ab.

SECHZEHNTE SCENE.

KÖNIG HEINRICH, ROSEMUNDE.

KÖNIG HEINRICH.

Und du, Geliebte, quäle länger nicht
Dich selbst und mich mit wesenlosen Sorgen!
Schau über diesen Thron hinweg
Auf den ich dich versetze:

In meinem Herzen ist dein wahrer Thron!
Da liegt gefesselt mit der Liebe Ketten
Zu deinen Füßen jeder meiner Wünsche. Du,
Du bist mir mehr als Thron und Reich! O zeig'
In deinen holden Augen, daß mein Glück
Auch deines ist!

ROSEMUNDE.

Mein König und mein Herr,
Wie kann diefs Herz, das du allein erfüllst,
Dir länger widerstehn? — Du hast gesiegt!
Gebiete! Hier ist deine Rosemunde,
Bereit für dich zu leben und — zu sterben!

Dir hingegeben

Hab' ich mein Alles!

Mein Glück, mein Leben,

Und was ich bin!

KÖNIG HEINRICH.

Wär' ich Beherrscher
Des Erdenballes,

Dich zu erhalten

Gäb' ich ihn hin!

ROSEMUNDE.

Für dich nur leben,

Für dich erkalten,

KÖNIG HEINRICH.

Ihn hinzugeben,

Dich zu erhalten,

BEIDE.

O seliger Gewinn!

KÖNIG HEINRICH.

So komm und gieb mir den Triumf,
Mit lautem Jauchzen meines Herzens Wahl
Gebilliget zu sehn von meinem ganzen Reich!

ROSEMUNDE.

Ich folge dir!

Sie gehen ab.

SIEBZEHNTE SCENE.

Der Schauplatz verwandelt sich in einen grofsen Ritter-
saal, mit erhöhtem königlichen Throne. Schildknappen
und Ritter versammeln sich. Zuletzt tritt KÖNIG
HEINRICH auf, von BELMONT begleitet. Der König besteigt den Thron. ROSEMUNDE erscheint mit
EMMA und dem KOR DER JUNGFRAUEN,
und bleibt seitwärts in einiger Entfernung vom Throne
stehn.

KÖNIG HEINRICH.

Ihr Edeln Albions, ihr, deren Muth und Treu'
Ich oft geprüft, die alle die Gefahren
Des Kriegs, und blut'gen Ruhm, und schwer
       erkämpfte Siege
Mit mir getheilt!
Ihr eilet, Freunde, nun am väterlichen Herde
Des Friedens Früchte zu geniefsen,
Ruh und häuslich Glück;
Und unter goldnen Decken sollt' indefs
Geheimer Gram, des Lebens gift'ger Wurm,
An eures Königs Ruhe nagen?
Nen! — ich will sie von mir werfen,
Die Schlange, die ich allzu lange duldend

In meinem Busen hegte! — Elinor
Hat alle Rechte an mein Herz verloren,
Hat durch Verbrechen sich die Ehre, meinen
                    Thron
Zu theilen, selbst geraubt — Hier, vor euch allen,
Verstofs' ich sie, und gebe Rosemund'
Mein Herz und meine Hand — Ihr seht, sie hier!
Lafst eure Augen reden
Für Heinrichs Wahl!
Ein Wunder hat sie mir erhalten!
Des Himmels Wink
Und meine Wahl und eure Liebe stimmen
In Eins, und rufen sie zum Thron.

KOR der Ritter.

Leb' und herrsche, Preis der Schönen,

KOR der Schildknappen und Junjfrauen.

Schönste Tochter Albions!

Beide KÖRE.

Lafs dich Heinrichs Liebe krönen!

Sey die Zierde seines Throns!

KÖNIG HEINRICH zu Rosemunden.

So komm, Geliebte, komm, und nimm den Platz
Wozu dich unsre Liebe ruft!

*Rosemunde nähert sich dem Throne mit zitterndem
Schritte.*

ACTZEHNTE SCENE.

*Auf einmahl werden die Thüren des Sahles aufge-
sprengt und die KÖNIGIN, von ihren Rittern begleitet,
dringt herein. Die Bestürzung über ihre Erscheinung
macht eine allgemeine Pause.*

KÖNIGIN,

im Hereintreten mit lächelndem Grimme.

Ich ward wohl nicht erwartet
Bey diesem Fest?

*Der König fährt mit Zeichen der Unruhe und des Zorns
auf, und ruft Belmont zu:*

KÖNIG HEINRICH.

Ha Belmont! was ist dieſs?

*In eben diesem Augenblicke stürmt die Königin auf
Rosemunden ein, und stöfst ihr, eh' Emma, Lucia,
Belmont und der König, welche alle herbey eilen, es ver-
hindern können, einen Dolch ins Herz.*

KÖNIGIN,

indem sie den Stofs führt.

Elende! stirb — — Ich bin gerochen! Nun
Macht was ihr wollt!

Rosemunde sinkt der Emma und Lucia in die
Arme. Man legt sie auf die Stufen des Thrones.

KÖNIG HEINRICH, sinnlos.

O rettet, rottet! — fafst die Mörderin!

ROSEMUNDE.

Umsonst!

KÖNIG HEINRICH,

in Todesangst, zu ihren Füfsen gestürzt.

O meine Rosemunde!

ROSEMUNDE.

Mein Schicksal ist erfüllt! — Ich sterb' — in deinen Armen.

Der Vorhang fällt.

DIE WAHL DES HERKULES

EIN LYRISCHES DRAMA.

In Musik gesetzt von Anton Schweitzer
und am 17ten Geburtstage des damahligen Herrn Erbprinzen
von Sachsen-Weimar und Eisenach auf dem Hoftheater
zu Weimar im Jahre 1773 aufgeführt.

PERSONEN.

Der junge HERKULES.

ARETE, die Tugend.

KAKIA, die wollüstige Unthätigkeit.

———————

Die Scene ist in einer waldigen Einöde.

HERKULES tritt auf.

O nehmt mich auf, ihr stillen Gründe,
Gewogne Schatten, hüllt mich ein!
Hier athm' ich wieder frey, empfinde
Des Daseyns Werth, bin wieder mein!

Ich sollte Amors Ketten tragen?
Die Thorheit schleppte mich an ihrem Sie-
geswagen?
Ein feiger Sklave sollt' ich seyn?
Beym Himmel! Nein!

Ich fühl' ein Herz in meinem Busen

schlagen,

Ich fühl' — O Götter, darf ich's

wagen,

In diesem unbehorchten Hain

Um ein Geheimniss euch zu fragen?

Wess ist die Stimme, die ich tief im Heiligthum
Der Seele höre? Oder täuschet mich
Indem ich sie zu hören glaube,
Ein eitler Wahn?
Wer bin ich? — Diese Gluth
In meinem Busen, diese Ungeduld
Nach Thaten, dieses unaufhaltbare Streben
Nach einem unbekannten Ziel,
Diess Hüpfen jeder Ader, da
Wo andre beben,
Diess — was ich besser fühlen
Als mir erklären kann,
Wie nenn' ich's, was den andern Erdensöhnen mich
So ungleich macht? Was mich auf ihre Spiele,
Was auf den ganzen Kreis von ihren kleinen

Sorgen,

Entwürfen, Freuden, Plagen, kalt und unbewegt
Mich niederblicken heifst,
Wie man auf einen Haufen Kinder blickt
Die sich um einen Apfel raufen!

Wer bin ich? Gab ein Halbgott, gab
Ein Gott das Leben mir?
Wie wallt mein Blut von diesem grofsen
Gedanken auf! Ich zittre nicht
Indem ich ihn zu denken wage.

Ja! ja!-es ist kein Wahn! Ich fühl's, ich fühl's
Was diese Adern schwellt, ist Götterblut!
O Du, der mir von seinem Leben gab,
Unsterblicher,
Warum verbirgst du dich vor mir?
O zeige dich! O lehre deinen Sohn
Die Wege zum Olympus, lehre ihn
Sich deiner würdig machen!

Aber, wenn ich mich zu viel erkühnte?
Wenn die selbstbetrogne Seele
Was sie feurig wünscht für Ahnung hielte?
Alcid! du träumst von Gottheit? Du? —
O sink' in Scham verloren
Tief in die Erde! — Du,

Den noch vor wenig Augenblicken
Ein rosenwangiges,
Der scherzenden Natur noch unvollendet
Entschlüpftes Ding.
Ein Mädchen, deiner selbst vergessen machte?

O! dafs mein böser Dämon dir entgegen
Mich führte, da du an der Spitze
Der Töchter Kalydons
Vom traubenvollen Hügel
Herunter in die Myrtenschatten
Des Achelons stiegst, o Dejanira!
Seit diesem Augenblicke find' ich dich,
Wohin ich flieh',
In meinem Wege. Jedem edeln Vorsatz
Begegnest Du!

Im Traum sogar verfolgst du mich.
Ich seh' dich, jugendlich wie Hebe,
Schimmernd wie Aurora, wollustathmend
Wie Cythere, da die Welle
Sie an Pafos Ufer trug —
Ich seh' dich, und vergesse
Der Lehren, die vom Nektarmund der Söhne
Des Musengottes in Cithärons heil'gen Grotten

In meine Seele flossen — ach!
Vergesse jeden Schwur, den ich
Der Tugend that, so oft beym Lob der Helden
                  mir
Die Wange glühte!

O weich' aus meiner Seele, Zauberrin!
Nicht länger will ich deine Fesseln tragen.
Es sind nur Blumenketten, leicht zerrissen!
Dein Bild —
Mit seines schärfsten Pfeiles Spitze
Grub es in diese Brust
Der lächelnde Tyrann der Herzen ein —
Allein heraus will ich es reifsen, oder fliehn
Wohin kein Menschenfufs mir folgen soll,
Um meine Schmach und mich
Der Welt auf ewig zu verbergen!
Unglücklicher! bin ich es, dessen Worte
Sein eignes Ohr empören?
O wie räthselhaft noch immer
Mir selbst! wie grofs! wie klein!
Itzt, muthig jedem Ungeheuer Trotz
Zu bieten, itzt, verzagt vor einem Blick;
Itzt ganz durchdrungen von der hohen Schönheit

Der Tugend, ganz ganz ihrer Gottheit voll,
Zu welcher grofsen That,
Zu welchem Opfer fühl' ich mich
Nicht stark genug!
Doch bald, betrogner Jüngling, bald
Wird unter Zauberrosen dich
Die schnöde gürtellose Wollust
Zum Entschlummern
An ihrem Busen locken.
Süfses Gift
Wirst du aus ihren Augen schlürfen,
Und gleich den Seelen, die vom Lethe trinken,
Vergessen wer du bist und was du werden sollst.

So niedrig sollt' ich seyn? So schwach?
So unwerth deiner Tugend,
Alkmena? Eurer Lehren so
Uneingedenk, ihr Führer meiner Jugend?
Nein! dieser Tag sey Zeuge meiner Schwüre,
Und du, allsehend Auge des Olymp,
Und du, o Rhea,
Der Götter Musen und der Sterblichen,
Seyd meine Zeugen! —

Die Scene verwandelt sich plötzlich in einen romantischen Lustgarten. KAKIA zeigt sich, dem Herkules
gegenüber, auf ein zierliches Ruhebettchen, in einer
ihrem Karakter gemäßen Lage, reitzend hingegossen.

Götter, welch ein Anblick!
Wo bin ich? Träum' ich wachend?

KAKIA,

sich mit halbem Leib erhebend, ohne aufzustehen.

Willkommen, Göttersohn,

Im Reich der Freude!

Erheit're deinen Blick,

O komm, o meide

Nicht länger deinen Thron

An ihrer Brust!

Hier leben wir, ferne

Vom Erdengetümmel,

Das selige Leben,

Der Götter im Himmel:

Uns strahlen die Sterne

Nur Wonne, nur Lust.

Willkommen, Göttersohn,

Im Reich der Freude!

O komm, o meide

Nicht länger deinen Thron

An ihrer Brust!

Sie steht auf und nähert sich ihm.

Du fliehst die Welt, Alcid?
Im Alter des Vergnügens
Entweichst du ihm in einen öden Wald?
Sprichst mit dir selber, staunst,
Verlierst dich in Gedanken, zweifelst welchen Weg
Ins Leben du erwählen sollst?
Sieh eine Freundin hier,
Die willig ist zum Glück der Götter dir
Den Weg zu zeigen.

HERKULES.

Und wie, o Göttin, — denn so kündigt dich
Dein ganzes Wesen an —
Mit welchem Nahmen soll ich dich verehren?

KAKIA.

Freude nennen mich,
O Jüngling, meine Freunde; aber in
Der Göttersprache ist
Mein Nahme Eudämonia.
Denn selbst die Götter leben nur durch mich
Ihr ewig sorgenfreyes Wonneleben.

Ich bin die Schöpferin der Freuden im Olymp
Und auf der Erde. Scherze, Grazien
Und Amoretten
Sind mein Gefolge. Selbst
Die Musen, die du liebst,
Sind meine Dienerinnen.
Meinen Freunden
Zollt der ganze Erdball Lust.
Ihnen scheint allein die Sonne,
Ihnen duftet Amors Lieblingsblume,
Ihnen sprudelt nur der Erde Nektar
Im krystallnen Becher, ihnen nur
Beleuchtet zu Cytherens Schlummer
Den Rosenpfad der stille Mond.
Sie, sie allein geniefsen
Des Lebens, scherzen seine Sorgen weg.

Und, gleich der Rose, die an einer Nymfe
Busen
Verduftet, athmen sie im Schoofs der Lust
Ihr frohes Daseyn aus.

O du, der Götter Liebling, Herkules,
Was zögerst du? —
Du zweifelst? — Hat ein Leben, ganz
Aus Lust gewebt, nichts was dich reitzen kann?

HERKULES.

Du sagst mir, Göttin, nur was deine Freunde
Geniefsen; sage mir auch was sie thun.
Womit verdienen sie so schön belohnt zu werden?

KAKIA.

Verdienen? — Denke richtiger
Vom Glück der Weisen, die sich mir ergeben!
Geniefsen, Freund, und vom Genusse ruhn
Zu süfserem Genufs, ist alles was sie thun.
Geniefsen ohne Arbeit, in Gefühl
Ganz aufgelöst mit jedem trunknen Sinn
In einem Ocean von Wollust weben,
So leben die Olympier, so lebt
Wer mich besitzt, und diefs nur nenn' ich leben!

Bey Hebens Nektarschalen,

Beym Lustgesang der Musen,

Ist euer Selbstbetrug,

Sind eure Qualen,

Betrogne Sterbliche,

Der Götter Spott!

O Jüngling, den die Sterne lieben,

O kämpfe nicht mit deinen Trieben!

Komm, Glücklicher, an meinen Busen,

Und werd' ein Gott!

HERKULES.

Allmächt'ge Götter! kann auch wider unsern
Willen
Ein fremder Reitz Gewalt der Seele thun?
Zu stark, zu stark ergreift mich deiner süfsen
Töne
Wollüst'ge Zauberey, Verführerin!
Ich strebe dir entgegen,

Ich fühle daß ich's soll,
Und — folge dir.

Bey den Worten, „ich strebe dir entgegen," öffnet
sich der hinterste Theil der Scene, und entdeckt eine
rauhe Wildniß, die auf einem steilen, mit Dornen be-
wachsnen Pfade zum Gipfel eines hohen Berges führt,
wo aus einem Lorberwäldchen die Zinne des Tugend-
tempels hervor glänzt.

In dem Augenblicke, da Herkules spricht, „ich folge dir,"
erscheint

ARETE.

Halt ein, Alcid! Sieh, wer die Hand dir reicht!

HERKULES.

Welch eine Stimme? — O bist du's,
Bist du's, du Göttin meiner Seele? — Ja,
Dein ganzes Wesen, diese Majestät
Voll hohen Reitzes, diese Wunderkraft,
Die von dir ausgeht, meine schwankende
Entnervte Seele faßt, mit neuem Muthe
Sie anhaucht, alles, grofse Göttin,
Verkündigt Dich.
Du bist die Tugend — die ich liebe —

Mit Beschämung und Wehmuth.

Der ich untreu bin!

ARETE.

Dein Herz, o Herkules, wiewohl ich deinen
           Augen
Noch niemahls sichtbar ward,
Dein Herz erkennt mich, deine Freundin, deines
Geschlechtes Freundin: mich,
Die durch den Mund
Der Weisen, die dich bildeten,
Das göttliche Gefühl des Adels deiner Seele
In dir entflammte. Sieh, ich zeige hier
Mich deinen Augen. Dieser grofse Tag
Soll deines ganzen Lebens
Entscheidung seyn.

KAKIA.

Alcid, die Zeit ist kostbar, kurz das Leben
Diefs Wortgepränge raubt dir Augenblicke,
Die ungenossen fliehn, und niemahls wieder-
           kommen.

ARETE.

Die Wahrheit, Herkules,
Braucht, um zu siegen, keiner Rednerkünste;
Sie rührt, sie überwältiget das Herz
Durch ihren eignen Reitz.

Ich komme nicht ein Leben ohne Mühe, .
Ruhmloses Glück und unverdiente Freuden
Dir anzubieten, Heilig ist
Die Ordnung mir des Vaters der Natur;
Nichts Gutes geben
Den Sterblichen die Götter ohne Mühe..
Soll dir die Erde ihre Schätze zollen,
Du mußt sie bauen! Soll
Dein Vaterland dich ehren,
Arbeit' für sein Glück, für seinen Ruhm.
Soll Fama deinen Nahmen
Den Völkern und der Nachwelt nennen,
Verdien's um sie! Sey ein Wohlthäter
Der Menschheit, lebe, schwitze, blute
In ihrem Dienst. Was könnten dir die Menschen,
Die nichts von dir empfingen, schuldig seyn?
Verdienen nicht die Götter selbst den Weihrauch
Der ihre Tempel füllt, durch alles Gute
Das sie der Erde thun?.

KAKIA.

Du hörst es! Alles was die Freudenstörerin
Dir anzubieten hat, ist Arbeit, Mühe,
Gefahren, Wunden, Tod. Für andere,
Für Undankbare sollst du leben, nicht für dich;

Mühselig leben, dafs dein Grabstein einst
Dem Vorwitz später Enkel melde:

„Hier liegt ein Thor, der leben könnte,
    Und starb,
Um, wenn er nicht mehr wär',
    Auf andrer Thoren Lippen
Ein ungefühltes Daseyn zu erhaschen."

Herrliche Vergütung
Für alle Opfer, die sie von dir fordert!
Ich, junger Freund, verkaufe meine Gunst
Dir nicht so hoch. Geniefse du des Lebens
Im weichen Schoofs der Ruhe! Andre sollen
Für dein Vergnügen schwitzen. Eine ganze
Rastlose Welt soll deinen Freuden dienen,
Soll sich erschöpfen deinen Wünschen selbst
Zuvor zu eilen.

ARETE.

Thörin, höre auf
Mit deiner Schande dich zu brüsten!
Hör' auf mit täuschendem Sirenensang
Arglose unerfahrne Wanderer
In deinen Schlund zu ziehn!

Wer kennt dich nicht?

Und wen wirst du bethören, der dich kennt?

Du prahlst mit Götterwonne, Du

Die alle ihre Freuden mit den Thieren

Des Feldes theilt und nichts von andern weifs;

Die keinen innern Sinn für Wahrheit hat,

Noch für die süfse Ruhe

Der mit sich selbst und mit der ganzen

Natur in Friede lebenden schuldlosen Seele;

Du, deren Busen nie die heil'ge Gluth der Liebe

Zum Vaterland, der Menschenliebe wärmte,

Von deren Wange nie die fromme Thräne

Des Mitleids flofs, du sprichst von Götterwonne?

Wenn jemahls hat dein Ohr von allem Wohlklang

Den süfsesten, verdientes Lob, gehört?

Sprich, wenn genofs dein Auge je des schönsten

Von allem was die Augen sehen können,

Des Anblicks einer guten That von dir?

Und selbst die einz'gen Freuden, die du kennst,

Wem giebst du lauter sie und unvergiftet?

Erwartet jemahls deine Lüsternheit den Ruf —

Gehorcht sie je dem Warnen der Natur?

Wenn achtest du im Taumel deiner Lüste

Ihr heiliges Gesetz? Darum ereilen auch

Bald ihre Strafen dich,

Und deiner eignen Thorheit Töchter

Sind die Erinnyen, die deine Frevel rächen,

In deinen Adern zehrt ein schleichend Gift

Des Lebens Quellen auf! ein frühes Alter

Welkt deine Wangen; stumpf und nur zum Schmerz

Noch mit Gefühl gestraft, gepeinigt vom Ver-

gangnen

Und von der Zukunft, schmachtest du

Ein schrecklich Daseyn hin, das keine Hoffnung,

Kein tröstendes Bewußtseyn guter Thaten dir

Erträglich macht.

Unglückliche, was helfen dann

Die Rosen dir, die deinen Weg bestreuen?

Durch Blumen führt sein sanfter Abhang, aber führt

In unausbleibliches Verderben,

Mein Weg ist steil und rauh und dornenvoll,

Er schreckt den Weichling ab;

Doch sieh, o Göttersohn, wohin er führt!

Der steile Pfad, auf den ich leite,

Dräut mit Dornen, starrt von Klippen;

Des Mittags Hitze saugt dein Blut;

Mit trübem Blick, mit dürren Lippen,

Siehst du, wenn Kraft und Muth ermat-

ten

Vergebens dich nach kühlen Schatten,

Nach einem Quell vergebens um.

Getrost! Ich schwebe dir zur Seite,

Ich helf' in jedem Kampf dir siegen;

Du dringst empor mit neuem Muth;

Der Gipfel naht, er ist erstiegen!

Da weht unsterbliches Vergnügen,

Und alles ist Elysium.

HERKULES.

O Göttin, löse mir
Das Räthsel meines Herzens auf.
Zwey Seelen — ach, ich fühl' es zu gewiss! —
Bekämpfen sich in meiner Brust
Mit gleicher Kraft: die beßre siegt, so lange
Du redest; aber kaum ergreift

Mich diese Zaubrerin mit ihren Blicken wieder,
So fühl' ich eine andere
In jeder Ader glühn, die wider Willen mich
In ihre Arme zieht.

ARETE.

Erröthe, Herkules,
Erröthe vor dir selbst! Die beſre Seele
Bist D u! Sie ist allein dein wahres Selbst;
Wag' es zu wollen, und der Sieg ist dein!

KAKIA.

Alcid, du wendest dich von mir?
Du scheuest meinen Blick?
Wie wenig kennst du deine Freunde!
Aus gutem Willen kam ich, dir
Mit meiner Gunst
Die schöne D e j a n i r a anzubieten:
Willst du dein eigner Feind seyn? Immerhin!
Verschmähe sie und mich! Ich werde den
Nicht lange suchen müssen, der so ein Geschenk
Mir abzunehmen sich entschliefsen kann.

HERKULES.

Was sagst du? — Oder ist's nur Täuschung? denkst
du nur

Mit diesem süssen Nahmen mich zu locken?
Du, Dejaniren, mir?

KAKIA.

Und deines Herzens

Verlorne Ruh und Freuden ohne Maſs
In ihrem Arm! — Ja, Dejaniren,
Die schönste meiner Töchter, Sie, die ich
Für dich von Kindheit an bestimmte, dir
Erzog und pflegte, Undankbarer! Sie
Verschmähest du?

HERKULES.

Ich sollte Dejaniren

Verschmähn? Freywillig ihr entsagen? Nein!
Das kann ich nicht! Du selbst, Arete, kannst
Ein solches Opfer nicht von mir verlangen!

ARETE.

Und du — dem Ruf der Götter ungetreu,
Du könntest, eh' du ihr entsagtest, mir,

Dem Ruhm, der Tugend, der Unsterblichkeit entsagen?
Du kannst noch schwanken?

HERKULES, ARETE, KAKIA.

HERKULES zu Arete.

O trag' Erbarmen

Mit meinem Schmerz!

Der inn're Aufruhr

Zerreifst mein Herz.

KAKIA.

Dir winkt in meinen Armen

Der Liebe Glück,

Dich lockt ihr süfser Blick,

Und du verziehest?

ARETE.

Besinne dich! Du fliehest

Das wahre Glück.

HERKULES.

Ist nicht für beide Raum

In meiner Seele?

ARETE.

Weg mit dem eiteln Traum!

Erwach' und wähle!

HERKULES.

Ich lieb', o Göttin, dich

Und Dejaniren!

HERKULES und KAKIA, à 2.

{ Und ich entschlösse mich

Und du entschlössest dich

Euch

Sie } zu verlieren?

HERKULES.

Ist nicht für beide Raum

In meinem Herzen?

ARETE.

Weg mit dem eiteln Traum!

HERKULES.

Glich meinen Schmerzen

  Wohl je ein Schmerz?

Der inn're Aufruhr

  Zerreiſst mein Herz.

ARETE und KAKIA, à 2.

{ Der Tugend Götterglück

  Der Liebe Götterglück

  Willst du verscherzen?

O flich! o flieh zurück!

HERKULES.

Nur einen Augenblick!

  O tragt Erbarmen!

KAKIA.

In meinen Armen

Winkt dir der Liebe Glück,

Und du entfliehest?

ARETE.

Dir winket Götterglück,

Und du verziehest?

KAKIA.

Ist's möglich, holder Jüngling,
Kann zwischen mir und dieser ungeschlachten
Trübsel'gen Freudenhasserin
Dein Herz im Zweifel seyn?

ARETE.

Die Tugend leidet keine Nebenbuhlerin,
Alcid! und der entsagt mir schon
Der zwischen mir und meiner Feindin wankt.
Wenn Scham und Reue dich
Dereinst aus deinem Traume wecken,
Dann, Herkules, erinn're dich
Was ich für dich gethan. Itzt kann ich nichts
Als dich beklagen und — verlassen!

HERKULES.

Ich sollte Dich verlieren, Göttin, dich?
O. eher laſs mir alles, was ein Sterblicher
Verlieren kann, entrissen werden!
Alles, was ich liebe,
Das Leben selbst! — Was wär' es ohne dich?
Wie könnt' ich d i r entsagen, dir,
Arete, die ich über alles liebe?
Verzeih, verzeih dem Taumel meiner Sinne!
Verlaſs mich nie! Zu deinen Füſsen schwört
Dein Herkules sein ganzes Herz dir zu.
Sieh ihn bereit dir alles aufzuopfern, alles
Für dich zu thun, für dich zu leiden, freudig dir
Bis in den Tod zu folgen.

ARETE.

Steh auf, mein Sohn!

So bist du deines Ursprungs
Und meiner Pflege würdig! Glorreich, Herkules,
Wird deine Laufbahn seyn,
Und groſs der Preis, der dich am Ziel erwartet.

HERKULES.

Und dir, Sirene, dir und deinen Gaben
Entsag' ich hier im Angesicht des Himmels und

Der Tugend, der ich mich zum Diener weihe.
Ein einz'ger Tag, für sie gelebt,
Ist einer Ewigkeit
Voll deiner Freuden vorzuziehn.

    Kakia entfernt sich mit einem Verdruſs, den sie hinter ein höhnisches Lächeln zu verstecken sucht. Der Lustgarten verschwindet zugleich mit ihr.

ARETE.

O glaube mir, Alcid! indem du ihr entsagst,
Verzeihst du keiner Freude dich, an welche
Ein edler Geist sich unbeschämt
Erinnern kann. Die Freuden der Natur
Schmeckt nur der Weise rein und unvergällt;
Er, der sie sparsam, im Vorübergehn, genieſst,
So wie ein Wanderer die Ros'
An seinem Wege pflückt. Allein die Quelle
Des wahren Glückes flieſst in deiner eignen Brust.
Vergebens wär's sie auſser dir zu suchen.
Denn wisse, Herkules,
Was sterblich ist an dir, ist nur die Hülle
Des Unvergänglichen,
Und Götterfreuden nur sind eines Gottes würdig.
Ja, Sohn, die Ahnung, deren leiser Stimme

Du oft in deinem Innern horchtest, trägt dich
nicht;

Ein Gott, ein Gott

Ist diese Flamme, die in deinem Busen lodert.

Verwandt dem Himmel, und zum Wohlthun blofs

Auf diese Unterwelt gesandt,

Kehrst du, wenn einst dein göttliches Geschäfts

Vollendet ist, zurück in höhern Kreisen

Zu leuchten. — Schau empor, Alcid!

<blockquote>

Sie, die in jenen Sfären herrschen,

Womit verdienten sie den Weihrauch, den

Die Dankbarkeit der Sterblichen auf ihren

Altären duften läfst?

Sie lebten einst, wie du, in irdischer Gestalt,

Doch nicht sich selbst.

Sie lebten blofs der Erde wohl zu thun.

Sie waren's, die den rohen Menschen durch

Die Zaubermacht der Musen seinem Wald

Entlockten, durch Gesetze seine Wildheit,
zähmten,

</blockquote>

Ihn umgestalteten und seinen Blick

Empor zum Vater der Natur erheben lehrten.

Der goldne Friede, mit der ganzen Schaar

Der Künste, die er nährt, der Überflufs

Mit seinem Füllhorn, alles, was
Das Leben adelt, schmückt, beseliget,
Es war ihr Werk! Beschützer, Lehrer,
Hirten
Der Völker waren sie und glänzen nun
Im Kor der Götter, selig durch den Anblick
Des Guten, das sie thaten.

HERKULES.

O Göttin, führe, führe mich
Den Weg, den diese Helden gingen!
Was säumen wir?
Er mag dem Weichling furchtbar seyn,
Er mag mit Dornen dräu'n, von Klippen starren,
Bey jedem Schritte mögen Ungeheuer
Sich mir entgegen stürzen;
Mich schreckt kein Hinderniß, kein Feind,
Ich folge dir!

HERKULES, ARETE.

HERKULES.

Allmächtig ist das Feuer,

Das du in mir entzündet,

Die Kette unauflöslich,

Die dich mit mir verbindet,

Mir, dem du ohne Schleier,

O Tugend, dich enthüllst.

ARETE.

Von deiner ersten Jugend

Hab' ich dich auserkohren:

Heil dir „ du Held der Tugend,

Wenn du, für mich geboren,

Dein grofses Loos erfüllst!

HERKULES.

Dich hab' ich mir auf ewig

Zur Göttin auserkohren:

Allmächtig ist das Feuer,

Das mich für dich entzündet.

ARETE.

Du bist für mich geboren.

HERKULES.

Ich bin auf ewig dein.

ARETE.

Dein süfsestes Geschäfte

Sey alle deine Kräfte

Dem Glück der Welt zu weihn!

HERKULES.

Dich hab' ich mir auf ewig

Zur Göttin auserkohren,

Dir weih' ich meine Jugend!

ARETE.

Du bist dazu geboren,

Alcid, der Held der Tugend

Der Menschen Stolz zu seyn. .

BEIDE.

Dich hab' ich mir erkohren,

Du bist ⎫
        ⎬ dazu geboren
Ich bin ⎭

Den Göttern gleich ⎫
           ⎬ zu seyn!
Auf ewig dein ⎭

SINGGEDICHT

zur Geburtsfeier des Durchl. Herrn Erbprinzen
Karl Friederich zu Sachsen - Weimar und
Eisenach.

In Musik gesetzt von Herrn Wolf. 1783.

Willkommen, willkommen,

   Du lange Gehoffter!

Zur seligen Stunde

Vom Himmel gegeben,

Willkommen ins Leben,

   Willkommen ins Licht!

Umströmt von Entzücken

Von Freude beklommen,

   Verschlingt dich die Liebe

Mit gierigen Blicken,

   Schaut wieder und wieder

   Und sättigt sich nicht.

Umkränzt mit Sternen, rief
Aus einer hellen Wolke,
In tiefer Nacht, da ringsum alles schlief,
Die frohe Botschaft deinem Volke,
O Vater Karl August, der Sachsen Schutz-
      geist zu.
Ihr Jubel hallt von Berg zu Berg,
Von Thal zu Thal durchs Land,
Vor Freude bebt der raschen Ilme Strand,
Von Myriaden wird die Wonnepost vernommen,
Und alles ruft im Taumel trunkner Lust
Aus einer Brust
Aus einem Munde
Dem Neugebornen zu.

Willkommen, willkommen,
 Du lange Gehoffter!
 Zur seligen Stunde
 Vom Himmel gegeben,
Willkommen ins Leben,
 Willkommen ins Licht!

Mit offnen Armen nimmt,
Du heil'ges' Pfand der Dauer unsers Glückes,
Dich aus der Hand
Der Göttin des Geschickes
Dein Vaterland.
Ein neues Leben strömt aus deinem jungen
Leben
In unsre Brust, und hohes Vorgefühl
Der Zukunft wallt mit süssem Beben
In jedem Busen auf. Kein düstrer Kummer drückt
Den Muth des Fleisses mehr, der in die Ferne
blickt,
Und alle Kräfte regt ein ungewohntes Streben.
Wie neu geboren blühn hinfür
Die schönen Fluren auf mit dir,
Die das Geschick zum Erbe dir gegeben.
Dein Anblick, theures Kind, dein Wachsthum, dein
Gedeihn
Ist Frühlingsgeist, ist Sonnenschein,
Und wie ein lang erseufzter Regen
Bringst du uns Heil und unerschöpflichen Segen.

So labt ein dürstend Land
Der milde Thau;

In Balsamtropfen schmilzt
Des Morgens Grau,
Und Edens Jugend glänzt
Aus Feld und Au.

Erwache dann, o du der Götter und der Men-
schen
Unsterbliche Gebärerin!
Weg mit der düstern Winterhülle!
Verjünge dich in hoffnungsvolles Grün!
Laſs eilends alle Knospen ihre Blätter
Dem Göttersohn entfalten; laſs für ihn
In tausendfarbner üppiger Fülle
Aurorens schönste Kinder blühn!

Zefyretten, laſst mit sanftem Wallen
Blüthenschnee auf seine Wiege fallen,
Athmet ihm die reinsten Düfte zu!

Und im nahen Hain, ihr Nachtigallen,
Dämpfet eurer Kehlen helles Schallen,
Und mit süfsem Wirbeln singet ihn in Ruh!

Doch, haltet ein, ihr Sänger in den Zweigen!

Ihr Weste, regt die leisen Flügel nicht!

Er schlummert — Still! Kein Laut entweih' das
                    heil'ge Schweigen!

Der Muse nur erlaubt die fromme Pflicht

Mit leichter Hand den Vorhang wegzubeugen.

O herzerweiterndes, o seliges Gesicht,

O Anblick Engel selbst vermögend anzuziehen!

Er schlummert auf Luisens Schoofs.

Ihr Mutterauge ruht mit innigem Vergnügen

Auf Ihrem Sohn, und sucht und ahnet wonne-
                    voll

In Seinen kindlich edlen Zügen

Den Helden, der einst werden soll.

Mit Lieb' ergiefsenden Blicken

Bückt Sie Sich über Ihn, und drückt mit Einem
                    Kufs

Die Tugenden Ihm ein, die einst Ihr Volk
                    beglücken.

Mitwissend um des Schicksals tiefsten Schluß
Schwebt über Ihr Germaniens Genius.
Entziffert in der dämmernden Ferne
Die hohe Götterschrift der Sterne,
Und, auf Karl Friederich sein strahlend An-
gesicht
Geheftet, reicht er freundlich seinem Engel
Die Hand, und spricht:

Schützer des neuen Spröfslings

Von Sachsens ewigem Stamme!

Verdopple deine Sorgen!

Sieh auf zum Pol und lerne

Im Hieroglyf der Sterne

Sein glorienvolles Loos!

Schon an des Lebens Morgen

Fach' an die Heldenflamme!

Entfalt' in Seinem Busen

Durch schöner Thaten Träume

Der Tugend kräft'ge Keime,

Und bild' Ihn gut und groſs.

Und du, der Sachsen Schutzgeist, mit der
Kraft

Des Sturmes weh' sie auf zum unverlöschbarn Feuer

Die Flamme, die in diesem Augenblick

In jedem Busen lodert!

Ein jeder fühle sich vom Himmel aufgefodert,

Und bey dem allgemeinen Glück,

Entbrenne jedes Herz in allgemeiner Tugend!

Laſs um den Fürsten deiner Jugend,

Mit Ihm, für Ihn, und stolz auf Ihn,

Ein neues Volk empor in beſsre Zeiten blühn!

Ein neues Volk, die Erben jener Treue,

Die Seinem Vater ihre Väter weihn.

Laſs sie, die mit Ihm Kinder waren,

Mit Ihm geblüht, dereinst in reifen Jahren

Karl Friedrichs werth und durch Ihn glücklich
seyn.

Falle vom Himmel nieder,

Du allverbindend Feuer,

Du bester aller Triebe,

Durchglüh' uns, heil'ge Liebe

Zum väterlichen Land!

Zwey Stimmen.

Erfülle Haupt und Glieder,

'Und mach, in sel'gem Wechsel,

Den Fürsten seinem Volke,

Sein Volk dem Fürsten theuer,

Und Lieb' und Gegenliebe

Schling' ewig immer fester

Das unauflösliche Band.

Vier Stimmen.

Falle vom Himmel nieder,

Du allverbindend Feuer,

Du aller Triebe bester,

Und Lieb' und Gegenliebe

Schling' ewig immer fester

Das unauflösliche Band.

Zwey Stimmen.

Von diesem schönen Bunde

Der Lieb' und Gegenliebe

Seht hier das holde Pfand!

KOR.

O Vater dieses Landes,

An Deines Sohnes Wiege

Schwört Dir aus unserm Munde

Dein Erbvolk Treu', und Liebe

Zum väterlichen Land.

————

DAS URTHEIL DES MIDAS.

EIN KOMISCHES SINGSPIEL

In Einem Aufzuge.

PERSONEN.

APOLLO.

THALIA.

Ein junger FAUN.

PAN.

KÖNIG MIDAS.

KOR der FAUNEN.

KOR der MUSEN.

Edelknaben und Volk.

Die Scene liegt in Frygien.

Eine Gegend am Ufer des Paktols, mit Gebüschen und
Blumen geziert. Zu beiden Seiten Anhöhen mit Rasen-
sitzen. In der Mitte erhebt sich ein Thron von Rasen und
Laubwerk, über welchem ein mit Rosen durchflochtner
Efeukranz aufgehängt ist. In der Ferne zeigt sich der Pa-
last des Königs Midas.

ERSTE SCENE.

THALIA

tritt lachend auf.

Ha, ha, ha, ha!
O das ist gar zu schön! Wer hilft mir lachen?

Ein FAUN,

aus einem Busche hervor springend.

Um einen Kuß, Thalia, lach' ich mit,
Und frage nicht, Warum?

THALIA.

Um ejnen Kufs? Nein, schönes Faunchen, nein!
So theuer nicht: ich kann ja solo lachen.

Der FAUN.

So viel du willst. Ein Kufs ist ohne das
Zum Ernst zu wenig, und zu viel zum Spafs;
Ich möchte mir damit den Mund nicht wässern
machen.

Ein Küfschen ist

Auch gar zu bald geküfst!

Kaum spitz' ich die Lippen,

Es schlürfend zu naschen,

Kaum glaub' ich's zu haschen,

So ist es entschlüpft.

Weg ist die Lust so bald wir zählen müs-

sen!

Wie leicht wird von gezählten Küssen

Einer überhüpft?

THALIA.

mit einer Pantomime, welche die Anspielung auf die
bekannte Fabel vom Fuchs und der zu hoch hangenden
Traube deutlicher macht.

Die Traube mag ich nicht!

Sie würde mir nur stumpfe Zähne machen.

Wie schlau, Herr Fuchs! — Allein auch unge-
küfst,

Mein guter Faun, sollst du mir helfen lachen!

Ha, ha, ha, ha!

Der FAUN.

lacht auf eine erzwungene und bürleske Art mit.

THALIA.

Der grofse Spafs,

Zu wiehern wie du thust, und nicht zu wissen,

Warum! — Warum ich lache, Faun,

Das ist's — ha, ha, ha, ha!

Es ist zum Bersten! — Was doch Eigendünkel
nicht vermag!

Sprich, lud nicht euer Pan auf diesen heut'gen
Tag

Den Musengott zum Kampf im Singen ein,

Und soll nicht Midas — Richter seyn?

Der FAUN.

So? ist's nur das? Ich dachte was es wäre!

THALIA.

Ich denke, Freund, es ist sehr viel,
Und viel zu viel für euers Ordens Ehre.
Wir setzen nichts dabey aufs Spiel,
Und so ein Sieg kann wenig uns vergnügen.
Bloſs euer Wahn im Kampf mit uns zu siegen,
Der ist belachenswerth.

Der FAUN.

Nur nicht zu früh gelacht, mein schönes Kind!
Der lacht am besten der am letzten lacht!
Das Kichern soll dir bald genug vergehen.

THALIA.

Ihr habt euch freylich vorgesehen;
Die Wahl des Richters zeigt's!

Der FAUN.

Wie so? wie so? Was wäre gegen
Den König Midas einzuwenden?
Besinne sich das Fräulein was sie spricht!
Die Könige sind Herr'n von langen Händen —

THALIA.

Wir andern fürchten uns vor ihrer Länge nicht.

Ein Diadem ist keine Zauberbinde,
Um welchen Kopf es auch sich winde.

Es ziert die Stirne zwar
Und hält das Haar zusammen:

Allein der Kopf,

Und sollt' er auch vom grofsen Belus

stammen,

Der Kopf, der Kopf,

Ist er ein Tropf,

So bleibt er was er war.

Der FAUN.

Bey meinem Schlauche! Nennt ihr das
Nicht gar — verzeih' mir's Pan! — filoso-
fieren?
Mein Kind, du kennst den König Midas nicht:
Sein Kopf hat nichts beym Wetten zu verlieren.

Herr Midas, durch der Sterne Gunst,

Ist Meister jeder freyen Kunst

Und Kenner aller schönen Sachen.

THALIA, ironisch.

Das ist bekannt!

Wer giebt uns öfter was zu lachen!

Der FAUN.

Er ist kein bloſser Dilettant.

Er kann dir alles besser machen.

THALIA.

Ja wohl! den Klugen was zu lachen!

Der FAUN.

Er hat Verstand!

THALIA.

Das ist bekannt!

Der FAUN.

Macht er nicht Verse?

THALIA.

Schlecht genug!

Der FAUN.

Und spricht von allem?

THALIA.

Superklug!

Der FAUN.

Tanzt wie ein Faun, singt —

THALIA.

Wie ein Rabe!

Der FAUN,

Und spielt die Flöte schier wie Pan?

Er ist ein Herr von seltner Gabe!

THALIA.

Man sieht's ihm an!

Der FAUN.

Bey meinem Thyrsusstabe!

Ein Herr von grofser Gabe.

THALIA.

Ja wohl! Ein feiner Knabe!

Man sieht's ihm an!

Der EAUN.

Bald sollst du es auch hören — Ha!
Sie kommen schon — Von allen Seiten strömt
Das Volk herbey; der Schauplatz füllet sich
Mit Zeugen unsres Siegs — Thalia, horch empor!
Des Krummhorns Ton! der Klapperbleche Klirren!
Sie kommen! Siehe da, der Faunen muntres Kor,
Und Pan in ihrer Mitte!

Der Schauplatz füllet sich mit einer Menge Volkes
von beiderley Geschlecht und jedem Alter.

———

ZWEYTE SCENE.

PAN vom KOR der FAUNEN umgeben,
die VORIGEN.

KOR der FAUNEN.

Platz gemzcht, ihr Leute!

Platz dem Sieger Pan!

Unser Tag ist heute!

Wie zur sichern Beute

Ziehen wir zum Streite

Im Triumf heran!

Platz gemacht, ihr Leute!

Platz dem Sieger Pan!

THALIA.

Das nenn' ich das Gewifsre spielen!

PAN, zu Thalien.

Ah sa! mein schönes Kind, was machst Du hier?
Dn kommst doch nicht den Kampf uns abzu-
sagen?

THALIA.

Wie schön ist dieses Selbstvertraun!
Wie glücklich ist ein Faun,
Der immer sich gefällt, den keine Zweifel plagen,
Der urtheilt wie man Kegel schiebt,
Und Unsinn spricht so viel als ihm beliebt!
Was darf ein Mann mit langem Ohr nicht wagen!

Ein Faun

Ist traun!

Im glücklichsten Zeichen geboren!

Ist seine Faunheit eingehüllt,

Trägt er sein Hörnchen übergüldt,

Reckt hoch empor

Sein langes Ohr,

Und spottet der kleineren Ohren.

PAN.

Ich glaube gar die Dirne will uns necken?
Gut! gut! das O m e n nehm' ich an.
Ja, r e c k e n wollen wir die Ohren, recken,

Bis in die Wolken sie, wenn's möglich ist, ver-
längen,
Und hängen, hängen, bis zur Erde hängen
Sollt ihr die eurigen!

Man hört Trompeten und Pauken von fern.

KOR der FAUNEN.

Platz gemacht, ihr Leute!

Macht euch auf die Seite!

König Midas naht!

Herr Midas, unser Gönner,

Der gröfste aller Kenner,

Der je auf Leder trat.

Platz gemacht, ihr Leute!

König Midas naht!

DRITTE SCENE.

König MIDAS, in einem langen Talar, dessen Schleppe
ihm zwey Edelknaben nachtragen, kommt sehr eilfertig
herbey gewackelt. Die VORIGEN.

THALIA bey Seite,

Der Spaſs wird Ernst. Apollo darf nicht länger
säumen.

Sie schleicht sich weg.

KÖNIG MIDAS, zu Pan.

Verzeihung, guter Pan! Wir lieſsen uns ein wenig
Zu lang' erwarten.

PAN.

Ist bey hohen Standspersonen
Nichts ungewöhnliches.

KÖNIG MIDAS.

Nicht wahr, ihr dächtet nicht,
Daſs Midas, wie ihr ihn hier seht,
Dem Tage selbst zuvor kam, bey der ersten Rose,
Die ihm Aurora an die Nase warf,
Sich aus den Federn machte?

Die Faunen lachen laut auf.

„O das stellt

Kein Menschenkind sich vor, was unser einer

Den ganzen langen Tag bis in die späte Nacht

Zu thun hat! Wie man immer zehnerley

Auf einmahl thun, und immer da und dort

Und allenthalben seyn soll, oft nicht weiß wo

einem

Der Kopf steht, und am Ende, seht ihr, doch

Nie fertig wird, doch immer

Das nöthigste versäumt, und überall zu spät

kommt.

Bey meiner Treu'! es ist ein saures Leben!

Die Welt beneidet uns?

Sie hätt' uns wahrlich viel heraus zu geben! —"

Doch, was ich sagen wollte,

Wo bleibt Apollo? — Ha! probiert vermuthlich

Sein Stückchen noch! — Hat's Ursach'! — Was

Geschmack betrifft,

Da bin ich, unter uns gesagt,

Ein wenig eigen!

Er kann es trefflich machen, und noch kommt's

drauf an

Ob's mir gefällt. Ich war von Kindesbeinen an

Liebhaber — Kenner will ich just nicht sagen;

Doch, Ohren bring' ich mit, verlaßt euch drauf!

PAN.

Oh, wenn man s o l c h e Ohren
Zu Richtern hat, dann ist's nur Spaß um's Singen.

KÖNIG MIDAS.

Ich sage nichts — Genug, ich weiß wohl was ich
weiß;
Freund P a n, wir kennen uns — Apollo mag nur
kommen!

Der FAUN.

Da kommt er wirklich schon.

KÖNIG MIDAS.

Lupus in Fabula! Ha, ha, ha, ha!
Alle Faunen lachen mit.

VIERTE SCENE.

APOLLO, THALIA, KOR der MUSEN,
dio VORIGEN.

APOLLO.

Herausgefordert komm' ich, nicht aus Wahl;
Pan will den Kampf, P a n wählte sich den
Richter,

Mir gilt ein jeder gleich, vorausgesetzt
Er hat ein Herz und nicht zu dicke Ohren.

KÖNIG MIDAS.

Nicht präludiert! Zur Sache! Frisch gewagt
Ist halb gethan!
Ich setze mich —

Er besteigt den Thron.

Zu Apollo und Pan.

Ihr tretet in die Mitte —
Ihr andern lagert euch zu beiden Seiten.

Musen und Faunen nehmen auf den Rasenbänken Platz.

Und nun lafst hören wem der Kranz gebührt!

APOLLO, zu Pan.

Du singst zuerst!

PAN.

Gut, weil du, wie es scheint,
Den Vortheil haben willst, n a c h mir zu singen.

THALIA,

zu einer ihrer Schwestern.

Da wird es was zu lachen geben.

PAN,

mit viel Gestikulazion.

O Nymfe mit dem Lilienbusen,

Wie lange willst du grausam seyn?

Sieh wie dein Pan die ganze Nacht

An deinem Ufer sitzt und wacht,

Vom Mond bescheint,

Und seufzt und weint,

Und klagt dir seine Pein!

Wie kann dein Herz so fühllos seyn

In einem solchen Busen?

So zart,

So fein,

Und doch so hart,

Als wär's in Stein

Verwandelt von Medusen.

KÖNIG MIDAS.

O bravo, bravo, Pan! das nenn' ich singen!

Das heifst Musik! — Ankora, guter Pan!

Das mufst du uns noch einmahl bringen!

PAN,

mit Variazionen.

'O Nymfe mit dem Lilienbusen,

Wie kannst du unerbittlich seyn,

Ich spiel auf meinem Haberrohr

So manch herzbrechend Lied dir vor,

Und du, und du,

Du lachst dazu,

Und höhnest meine Pein!

Wie kann dein Herz so fühllos seyn,

Als wär's in' Stein

Verwandelt von Medusen?

So warm, so zart

Und doch so hart,

In einem solchen Busen!

KÖNIG MIDAS.

indem er ganz aufser sich vom Thron herab steigt.

Genug! genug! es ist nicht auszuhalten!

Er zieht sein Schnupftuch heraus und wischt sich die
Augen.

THALIA.

Ja wohl! die Nymfe muſs von Alabaster seyn,
Die so was hören kann und nicht zerschmilzt.

KÖNIG MIDAS,

den Gesang Pans nachahmend.

„O Nymfe mit dem Lilienbusen," —
Das nenn' ich reine Melodie!
Das heiſst Musik! — „Und du, und du,
Du lachst dazu!" — Da ist Natur und Aus-
druck!

Die Musen können das Lachen nicht länger zurück
halten.

Was giebt's zu kickern? he? — Die Närrinnen!
Zu lachen wo sie weinen sollten! Ha, ha, ha, ha!
Das hat kein Eingeweide, keine Seele!
Das schmeckt und fühlt nicht! — Basta! desto
schlimmer
Für euch! — „Und du, und du," —

Zu Pan.

Ist nicht

Die Syrinx hier gemeint?

PAN.

Ja wohl! Die spröde Nixe hat
Mir leider! manches schöne Lied

Gekostet! — Wißt ihr was ihr Unglück war?
Sie liebte die Musik nicht. Ihrenthalben
Hätt' ich mich heiser singen können, — sie,
Sie hätte sich nicht so viel drum bekümmert,

KÖNIG MIDAS.

Ist's möglich? Was es doch für Leute giebt!
Kein musikalisch Ohr! kein Herz im Leibe!
Was sah'st du denn am Gänschen? — Doch,
                            davon
Ein andermahl! Itzt muß ich, Amtes halben,
            die Achseln zuckend.

Auch deinem Gegentheil ein Ohr verleihen.
Wohlan, Apoll! Die Reih' ist nun an dir;
Der Sieg ist schwer — ich sage weiter nichts —
Doch, wenn du etwa eines andern dich
Besonnen hättest — wie du meinst, Apoll!

APOLLO, lächelnd.

Der Sieg ist, wie ich seh', entschieden; der
                            Triumf
Allein, der fehlt noch; diese Freude nicht
Dem Sieger zu verkümmern, will ich singen.
Der Richter spreche dann — wie er's versteht.

KÖNIG MIDAS.

Schon gut, schon gut!

So wie du geigen wirst, so werd' ich tanzen.

Die Musen begleiten den Gesang Apollo's mit Flöten
und Saiteninstrumenten.

APOLLO.

Vom schlummerlosen Lager hob

Ismene sich, die lieblichste

Der Schäferinnen

An Ladons Ufer. Lange schlich ihr schon

Amynt, der schönste Hirt, vergebens nach;

Gefühllos blieb bey seinem stillen Leiden

Die Schäferin.

Doch endlich überwältigt sie

Der Gott der Liebe, und am frühsten Morgen

(Noch schien der Mond, noch schlief der ganze

Hain)

Ging sie mit leisem Tritt, verschämt und schüch-

tern,

Dem Haine zu, wo unter dunkeln Myrten

Cytherens Marmorbild im blassen Lichte

Selenens glänzt.

Sie nähert sich, pflückt halb entfaltete,

Vom Morgenthau geschwellte Rosen, kränzt

Der Göttin Haare, bücket dann
Mit Wangen, die in schnellem Wechsel bald
Der Purpurrose bald der Lilie gleichen,
Anf ihren Busen sich,
Und betet so zu Cyperns Königin:

Holde Königin der Liebe,

Nein, nicht länger soll Ismene

  Deiner Allmacht widerstreben!

  Göttin, kannst du ihr vergeben?

  Lafs sie, lafs sie dich versühnen,

Diese erste stille Thräne

  Hingeweint auf deine Brust!

O zu welchem neuen Leben,

Göttin, läfst du mich erwachen!

Konnt' ich je dir widerstreben?

O zu welchem neuen Leben,

  Göttin, läfst du mich erwachen!

Alles scheint mir zuzulachen,

Alles athmet Götterlust.

THALIA,

zu einer der Musen.

Siehst du, Terpsichore, wie vor Vergnügen
Sogar der Faunen lang gespitztes Ohr
Wollüstig wackelt?

KÖNIG MIDAS.

Hübsch! Nicht übel, in der That!
Ganz hübsch in seiner Art, ich muss bekennen!
Doch freylich! nimm es mir nicht übel,
Apollo! — zwischen Ihm und dir —
Ich denke wir verstehn uns? — Kurz und gut,
Pan ist mein Mann, und Ihm gebührt der
Kranz.

Er steigt vom Thron herab und setzt dem Pan dem Kranz
auf.

KOR der FAUNEN.

Wohl gesprochen! wohl gesprochen!

Das heist in den Ring gestochen!

Unser Richter Midas lebe!

Midas, der so weislich spricht,

König Midas leb'! Er lebe,

Und sein Same sterbe nicht!

APOLLO.

Dem weisen Spruch zu Folg' ist Pan gekrönt;

Mir lohnt der Musen und mein eigner Beyfall;

Und unbelohnt sollte nur

Der Richter, der so weislich sprach,

Von hinnen gehen? Nein! das soll er nicht!

Sein angebornes Ohr, das so gelehrt entschied,

Ist fürderhin für ihn zu klein.

Wir wollen ihn, zum Angedenken

An diesen Tag, mit einem Ohrenpaar,

Das seiner würdig ist, beschenken.

Apollo berührt des Königs Haupt, und plötzlich dehnen
sich seine Ohren zu Eselsohren von der ersten Gröfse
aus. Musen und Faunen lachen überlaut.

KÖNIG MIDAS.

Was ist's? Was ist's? Was lacht man hier?

THALIA.

Glück zu dem schönen neuen Ohrenpaar,

Herr König Midas! — Sagtest du's nicht, Faun,

Der lacht am besten, der am letzten lacht?

KÖNIG MIDAS,

sich an die Ohren greifend.

Beym Element! was soll die Schäkerey?
Nehmt mir die Ohren ab!

APOLLO.

Sie sind nun dein,
Und weder Sterblicher noch Gott vermöchte sie
Dir wieder abzunehmen.

KÖNIG MIDAS.

Ey, ey!

Was soll die Schäkerey?

Nehmt mir die Ohren ab!

APOLLO.

Herr Aldermann, verzeih!

KÖNIG MIDAS.

Ey was! bey meinem Königsstab,

Wozu die Schäkerey?

Nehmt mir die Ohren ab!

APOLLO.

Herr Aldermann; verzeih!

Sie wieder abzunehmen

Das geht nicht an.

KÖNIG MIDAS zu Pan.

Und du, Gevatter Pan,

Du läfst mich so befchämen?

PAN.

Ey! hat sich was zu fchämen!

Sie stehen deiner Majestät

Nicht übel an.

KÖNIG MIDAS.

Ein Wort für zehn, mir steht

Die Schäkerey nicht an.

THALIA, der FAUN.

Herr Aldermann verzeih!

Die Ohren stehn dir an.

KOR der MUSEN.

mit einer Verneigung.

Wir bitten nur, damit

Fürlieb zu nehmen.

KÖNIG MIDAS.

Verdammter Streich!

Ich möchte gleich

Vor Ärger bersten!

PAN, THALIA, der FAUN.

Der lust'ge Streich!

Man möchte gleich

Vor Lachen bersten!

PAN.

Gieb dich zufrieden, Freund, und statt zu murren

Sey stolz auf deiner Ohren Majestät!

Du bist dadurch wie unser einer worden,

Und mit Vergnügen nehmen wir dich auf

In unsern lang geöhrten Orden.

KOR der FAUNEN.

Wohl gesprochen! Wohl gesprochen!

Konig Midas, hochgeboren,

Midas, unser Bruder, lebe,

Und mit seinen Ohren wachse

Auch sein Nachruhm himmelan!

THALIA.

Weiser Midas, grofs von Ohren,

Nimm zu dieser neuen Würde

Unsern warmen Glückwunsch an!

BEYDE KÖRE.

Lebe
Bruder ⎫
  ⎬ Midas, lebe!
weiser ⎭

Trage leicht die neue Bürde,

Und mit deinen Ohren wachse

Auch dein Nahme himmelan!

Die Musen und Faunen schliefsen tanzend einen Kreis
um König Midas. Der Vorhang fällt.

————————

VERSUCH

ÜBER DAS

DEUTSCHE SINGSPIEL

und einige dahin einschlagende Gegenstände.

Geschrieben im Jahre 1775.

I.

.Herr Burney, dessen musikalische Reisen
durch Frankreich, Italien und Deutschland
einige Zeit so viel Aufsehens gemacht,·
wundert sich mit Recht, dafs er in allen
Deùtschen Landen, die er durchwandert, nir-
gends ein Deutsches lyrisches Theater ange-
troffen. Er erkennt, dafs die Ursache davon
nicht in einem unsrer Nazion anklebenden
Mangel an Fähigkeit oder Neigung zu den
Musenkünsten zu suchen sey. In der That
lieben wir Deutschen die Musik so gut als
alle andere Völker in der Welt; sie macht
schon längst einen Theil der öffentlichen und
Privaterziehung bey uns aus; es ist schwerlich eine Deutsche Provinz, die nicht seit
mehr als hundert Jahren Virtuosen auf allen
Arten der Instrumente hervorgebracht hätte;
und die berühmten Nahmen Kayser, Tele-
mann, Händel, Hasse, Graun, Bach,·

Gluck, Naumann, Heyden, Mozart,
und andere, machen eine Reihe von Komponisten unsers Jahrhunderts aus, die wir (um
das Wenigste zu sagen) den gröfsten gleichzeitigen, auf welche Italien stolz ist, zuversichtlich entgegen stellen können. Wahr ists,
der vornehmste und wesentlichste Theil der
Musik, der Gesang, ist bisher am meisten
unter uns vernachlässiget worden; aber man
kann sich allenthalben durch die Erfahrung
leicht überzeugen, dafs auch hieran die Natur
keine Schuld hat, und dafs es nur auf die
gehörige Ermunterung und auf gewisse
Veranstaltungen ankäme, um in wenigen
Jahren Sänger und Sängerinnen von der besten Art, vielleicht in so grofser Menge zu
haben, als das musikalische Italien selbst.
Wohl eingerichtete Singschulen, unter der
Aufsicht geschickter Meister, würden Wunder thun; und wie leicht würde es den Fürsten und den Obrigkeiten der vornehmsten
Reichsstädte seyn, wenn sie nur wollten, [1])

1) Wenn sie nur wollten — da liegt eben die
Schwierigkeit! Wer soll ihnen den Willen machen,
wenn sie nicht wollen? Vielleicht würden sie
diesen Willen bald bekommen, wenn sie von der
Wichtigkeit der Musik nur halb so richtige Begriffe hätten als Plato oder die Griechischen Ge-

durch Abstellung alter Mifsbräuche, durch
neue, bessere Einrichtungen, durch einige
Aufmunterung patriotischer und vom Genius
ihrer Kunst ohnehin schon erwärmter Ton-

setzgeber. Das Unglück ist, dafs die meisten,
die mitregieren oder regieren helfen, Musik,
Poesie, Schauspiel und schöne Künste
überhaupt nur als zeitvertreibende Künste,
deren Zweck blofs Augen- und Ohrenkitzel sey,
betrachten, und (entweder aus Vorurtheilen einer
pedantischen Erziehung, oder Mangel an Fähigkeit
ein wenig tiefer in den Zusammenhang der menschlichen Dinge hinein zu schauen) nicht einsehen,
was für allvermögende, unerschöpfliche Kräfte zur
Vervollkommnung der Menschheit in diesen Künsten liegen. An Büchern, woraus diefs zu
lernen wäre, fehlt es zwar nicht: aber wer unter
ihnen liest sie? Wer unter ihnen interessiert sich
stark und anhaltend genug für das Schöne und
Gute, um über solche Gegenstände zu meditieren,
und sich dadurch zu überzeugen, dafs, so lange die
Menschen — Menschen seyn werden, die Mit-
wirkung der Musenkünste zu Beförderung der
Humanität unentbehrlich bleiben wird. Man
sieht, wie die alte, kaum hier und da in engere Grenzen getriebene Barbarey den Kamm wieder empor hebt, und bekümmert sich nichts darum.

künstler, mit sehr geringem Aufwand auch
in diesem Fache die Reste der uralten Barbarey aus Germanien zu vertreiben, und den
guten Gesang — dieses sichre Kennzei-
chen eines gefühlvollen und gesitteten Volkes — unter uns allgemein zu machen!

Viele, sonderlich unter dem edel ge-
bornen Theile der Nazion, die sichs sonst
(ihren Stammbaum und ihre angeborne An-
wartschaft an Würden, Präbenden und Für-
stenhüte ausgenommen) zur Ehre rechnen, in
Grundsätzen, Sitten und Sprache keine
Deutsche zu seyn, haben sich bereden

Man sieht einzelne Privatmänner, oder Privatge-
sellschaften, meistens unaufgemuntert, alle ihre
Kräfte anstrengen, der tausendköpfigen Hyder entgegen zu arbeiten, und bekümmert sich nichts darum.
Man läfst sich die Folgen einer solchen Gleichgül-
tigkeit vorzählen, vorbeweisen, vorsingen und vor-
sagen, und bekümmert sich nichts darum. —. Das
Jahr 2440 wird alles gut machen. — So
sey es denn! Heil dem, der diese wundervolle
Wiederkunft des goldnen Alters — diese grofse
Wirkung ohne Ursache — erleben wird!
Wir andern mögen uns unterdessen, wie Endymion,
an Träumen laben!

lassen, und sind zum Theil noch immer sehr
eifrig, es andern auch weiſs zu machen, daſs
die Deutsche Sprache sich nicht
zum Singen schicke. Auch hierüber ist
Burney einer ganz andern Meinung; und
sein Urtheil verdient unsre Aufmerksamkeit
um so mehr, da er weder unsre Sprache genug versteht, um ihre ganze Schönheit zu kennen, noch die mindeste Gelegenheit giebt,
einer vorgefaſsten Zuneigung für Deutschland
beschuldiget zu werden; er, der uns in seinem Buche noch lange nicht einmahl bloſse
Gerechtigkeit widerfahren lieſs. „Ich
erstaunte, (sagt er) da ich fand, daſs die Deutsche Sprache, trotz ihrer häufigen Konsonan-
ten und Gutturalen, sich besser zur Musik
schickt, als die Französische.“ — Und wo
fand er dieſs? Der gute Doktor Musikus
würde weniger erstaunt seyn, und die Sprache, welche Kaiser Karl der Fünfte (freylich kein Deutscher, wiewohl König in
Germanien!) nur mit seinem Pferde wiehern wollte, in einem sehr hohen Grade
musikalisch gefunden haben, wenn er die
besten Lieder eines Hagedorn, Gleim,
Utz, Weisse, Jakobi, Bürger, Hölty,
und andere, und die Kandidaten eines Ram-
ler oder Gerstenberg hätte lesen und ganz
empfinden können.

Doch, dieses Vorurtheil, das sonst in
Deutschland selbst, dem Fortgang unsrer lyrischen Poesie, oder unsers Gesangs, (denn
was ist lyrische Poesie, die nicht gesungen
wird?) am meisten im Wege stand, ist uns
beynahe verschwunden, oder wird sich wenigstens nicht mehr lange gegen das unver-
werfliche Zeugniſs unsrer Sinne halten können. Erst werden wir hören und fühlen,
daſs Deutsche Dichter und Deutsche Komponisten mit Deutschen Gesängen unsre Seelen
bezaubern, und alles mit unserm Herzen
machen werden was sie wollen. Dann werden spekulative Köpfe kommen, und unter-
suchen, wie das zugehe; und werden —
zu groſser Verwunderung der ehrlichen Deutschen — finden, daſs ein Theil dieser Wirkungen auf Rechnung ihrer Sprache selbst zu
setzen sey; die zwar nicht so weith, nicht
so voll reiner Sylben in A, E und O, als die
Wälsche, aber, trotz irgend einer andern
Sprache, mit einem Überfluſs der klangreich-
sten Worte versehen ist, alle mögliche Gegenstände der musikalischen Nachahmung zu
mahlen, alle Bewegungen in der Natur, und
folglich alle Empfindungen und Affekten des
menschlichen Herzens, (wozu jene die Bilder
hergeben) die sanftesten und zärtlichsten sowohl als die donnernden und stürmenden, mit

der gröfsten Wahrheit und Stärke auszu-
drucken.

Es ist also weder der Mangel an musika-
lischem Genie bey der Deutschen Nazion,
noch die Unsingbarkeit unsrer Sprache, was
dem Wunsche, unter dem Schutz eines Deutschen Musageten ein Deutsches Odéon,
einen Tempel Deutscher Musen, errichten zu
sehen, im Wege steht. Es ist ein andres
Vorurtheil, das die lyrischen Schauspiele selbst
betrifft; nehmlich, die beynahe allgemein herr-
schende Meinung, dafs die sogenannte *Opera
seria* ein Werk der Feerey seyn müsse,
worin alle schönen Künste mit einander
in die Wette eifern, die vollkommenste Be-
friedigung der Augen und Ohren äufserst
sinnlicher und verzärtelter Zuschauer hervorzubringen; oder, (um ungefähr das nehmliche
mit den Worten des Grafen Algarotti zu
sagen) „dafs in der Oper Poesie, Musik,
Deklamazion, Tanzkunst und Mahlerey, alle
ihre anziehendsten Reitzungen vereinigen müfsten, um den Sinnen zu schmeicheln, das Herz
zu entzücken, und die Seele durch die ange-
nehmsten Täuschungen zu bezaubern." — So
lange man mit dem Wort Oper diesen Begriff verbindet, werden freylich nur sehr wenige Fürsten in Europa reich genug seyn,

ein so kostbares Schauspiel zu haben, oder in
die Länge auszuhalten; und daſs bey diesen
Wenigen die Deutsche Sprache die Italiänische jemahls aus ihrem verjährten Besitz des
lyrischen Theaters verdrängen werde, wird
sich wohl niemand einfallen lassen.

Aber warum sollten denn jene Dinge, die
man sich als wesentliche Stücke und unentbehrliche Erfordernisse des Singspiels zu
betrachten angewöhnt hat, nicht eben so wohl
als bloſse Nebensachen betrachtet werden können? — Wir wollen nicht über Worte
streiten. Lassen wir immer, wenns drauf an-
kommt, die Italiänische und Französische
Oper im Besitz dieses wunderbaren Nahmens,
und aller Vorzüglichkeiten, die man damit
verbinden will; und fragen wir uns dagegen
lieber: ob wir nicht mehr Ehre davon hätten, wenn wir die Schöpfer einer neuen sehr
interessanten Art von Schauspielen wären;
nehmlich eines Singspiels, welches, ohne
viel mehr Aufwand zu erfordern, als unsre
gewöhnlichen Tragödien, durch die bloſse Vereinigung der Poesie, Musik und Akzion,
uns einen so hohen Grad des anziehendsten
Vergnügens geben könnte, daſs kein Zuschauer,
der ein Herz und ein Paar nicht allzu dicke
Ohren mitbrächte, sollte wünschen können,

seinen Abend angenehmer zugebracht zu
haben? Eine Oper nach dem bisher herrschenden Begriff ist ein zu kostbares Vergnügen
für die meisten Fürsten Germaniens, und selbst
für die volk- und geldreichsten unsrer freyen
Städte. Ein Singspiel hingegen, nach dem
Begriffe, den ich mir davon mache, würde
so wenig Aufwand erfordern, dafs auch die
mittelmäfsigste Stadt in Deutschland, bey
etwas mehr Aufmerksamkeit auf die Verbesserung ihres Musikwesens als man bisher für
nöthig gehalten hat, vermögend wäre, ihren
Bürgern, anstatt jener noch im Schwange ge-
hender bürgerlicher oder anderer noch
abgeschmackterer Schauspiele, wenigstens
zu gewissen festlichen Zeiten des Jahres, ein
öffentliches Vergnügen von der edelsten Art,
und gewifs nicht ohne nützlichen Einflufs auf
Geschmack und Sitten, zu verschaffen. Etliche wenige vortreffliche Musikschulen würden eine Menge guter Meister hervorbringen,
welche, durch Deutschland verstreut, jeder
an seinem Orte wieder gute Schüler und Schü-
lerinnen bilden würde; und ein einziges, unter dem Schutz eines Deutschen Perikles blü-
hendes Odeon, auf welchem Singspiele dieser Art in einem über das Mittelmäfsige sich
erhebenden Grade der Ausführung öffentlich
gegeben würden, würde, als das Muster, dem

andre mit mehr oder minder Kräften nahe zu
kommen suchten, hinlänglich seyn, den guten
Geschmack in diesem Fache durch ganzDeutsch-
land auszubreiten.

Unbekümmert, ob vielleicht manche diesen meinen Vorschlag als eine Dichtergrille
mit Naserümpfen oder Hohnlachen empfangen
werden, glaube ich den Liebhabern der m u s i-
kalischen Künste (wie man nach Platons Beyspiel, aufser der eigentlich so genannten Musik, alle mit derselben verwandte oder
ihres Beystandes bedürfende Künste, und also
vornehmlich Poesie, Deklamazion und Panto-
mimik nennen könnte) vielleicht keinen unan-
genehmen Dienst zu erweisen, wenn ich
ihnen über diese gewisser Mafsen neue Gattung von Singspiel, und über die Mittel wodurch es vielleicht zur ergetzendsten und herz-
rührendsten aller Schauspielarten gemacht werden könnte, meine Gedanken etwas ausführ-
licher mittheile.

II.

Es ist bekannt, dafs die grofse Oper der
Italiäner und Franzosen schon längst von den
angesehensten Kunstrichtern in Wälschland,
Frankreich, England und Deutschland, für
eine ungeheure Mifsgeburt des schlimmsten
Geschmacks erklärt, und als eine solche mit
unerbittlicher Strenge vom Parnafs verbannt
worden ist.

Algarotti selbst, der schon vor geraumer Zeit, in der Absicht das lyrische Theater zu reformieren, einen lesenswürdigen Versuch über die Oper bekannt gemacht hat,
gesteht nicht nur die Wahrheit der meisten
und wichtigsten Vorwürfe, welche der Oper
gemacht worden, willig ein; er treibt solche
sogar noch weiter als irgend einer von seinen
Vorgängern. „Die Oper, (sagt er) die ihrem
ursprünglichem Wesen nach der Tragödie
der Alten am nächsten kommen sollte,
bleibt (wie die Erfahrung zeigt) in ihrer Wir-

kûng unendlich weit unter derselben; und
wie könnte diefs anders seyn, da weder der
Dichter, noch der Komponist, noch der Schau-
spieler, noch der Dekoratör ihre wahre Schul-
digkeit dabey thun? Man bekümmert sich
wenig um eine gute Wahl des Süjets;
noch weniger um die Übereinstimmung
der Musik mit den Worten, und ganz
und gar nicht um die Wahrheit des Gesangs und Recitativs, um die Verbindung der Tänze mit der Handlung, und
um die Schicklichkeit der Dekorazionen. Alles diefs wohl erwogen, was ist be-
greiflicher, als dafs ein Schauspiel, das seiner
Natur nach das angenehmste unter allen seyn
sollte, das abgeschmackteste und langweiligste
wird? Man hat es, blofs der wenigen Eintracht beyzumessen, die unter den verschiedenen Theilen, woraus es zusammen gesetzt
ist, herrscht. Daher kommt es, dafs ihm
nicht der geringste Schatten von Nachahmung übrig bleibt; daher, dafs die Täuschung, die blofs durch das Zusammentref-
fen aller dieser Theile hervorgebracht werden
könnte, gänzlich wegfällt, und also diese
Oper. die das Meisterstück des menschlichen
Schöpfergeistes seyn sollte, in ein nervenlo-
ses, ungereimtes, groteskes Ungeheuer ausge-
artet ist, dafs die schimpflichen Beynahmen

völlig verdient, womit es von einem St. Evre-
mond, Dryden, Addison, Johnson und
andern belegt worden ist."

Es gehört nicht zu meiner dermahligen
Absicht, mich in eine Untersuchung einzu-
lassen, in wie weit diesen Klagen des Grafen Algarotti, entweder durch den Einfluſs
seiner Abhandlung oder aus andern Ursachen,
seither abgeholfen worden, oder in wie fern
sie noch immer bestehen. Unläugbar würde
es eben so ungerecht seyn, die Vorwürfe, die
er den Italiänischen Opern seiner Zeit macht,
auf alle Komponisten und Sänger ohne Unterschied auszudehnen, als es unbillig wäre nicht
zu gestehen, daſs, nachdem gewisse Miſsbräuche sich einmahl eingeschlichen und festz
gesetzt hatten, es nicht immer in der Gewalt
des Komponisten, wie viel Genie, Einsicht
und Geschmack er auch besitzen mochte, stehen konnte, seiner Einsicht und seinem Geschmack in allem zu folgen. Indessen fehlt
doch unläugbar noch sehr viel daran, daſs
Algarotti's abgezweckte Reformazion wirklich Statt gefunden, und die Miſsbräuche,
über die er so bittere Klagen führt, gänzlich
vom lyrischen Theater verdrängt seyn sollten; und man sieht also, in wie fern ich
das Singspiel, welches ich meinen Landsleu-

ten anpreisen möchte, eine neue Gattung
nenne. Es soll nehmlich diesen Nahmen nicht
sowohl darum, weil es in seiner Art einfa-
cher ist, und zugleich weniger Aufwand erfordert, 2) sondern vornehmlich defswegen ver-

---

2) Der gröfsere oder kleinere Aufwand hängt
weniger von der Natur des Singspiels und der Wahl
des Stoffes, als von dem Willen und den Kräften
des Unternehmers ab. Das allersimpelste Stück kann
durch Pracht der Kleider und Dekorazionen kostbar
gemacht werden. Auch benimmt das Singspiel, das
ich vorschlage, niemanden hierin seine Freyheit.
Meine Meinung ist blofs, dafs Poesie, Musik und
Akzion in demselben das Meiste thun sollen, um
den Zweck (den ich nicht in die Bezauberung der
Sinne, sondern in mächtige Rührung des Herzens setze) zu erhalten. Kleider und Dekorazion
sollen nur die Täuschung befördern helfen,
ohne welche jener Zweck nicht gehörig erreicht
werden könnte; und diefs können sie, (wenigstens
in vielen Fällen) ohne sehr kostbar zu seyn.
Glucks Ifigenie darf nur vortrefflich singen, und
uns durch ihre Gestalt, Miene und Akzion die Ifigenie des Dichters darstellen, so wird sie uns in
einem simpeln Altgriechischen Kleide von weifser
Seide eben so stark, und ohne Zweifel noch weit
stärker rühren, als wenn sie in einer reich gestick-
ten Robe daher geschwommen hätte.

dienen, weil es, frey von allen Fehlern,
welche Algarotti mit allen Vernünftigen den
Opern vorwirft, alle die Eigenschaften in sich
vereiniget, die dieser ächte Kenner mit Grund
als zum Wesen des Singspiels gehörend an-
sieht, aber in den meisten Opern fast gänzlich vermißt.

Das Singspiel, in so fern es ein dra-
matisches Werk ist, hat alle wesentlichen
Eigenschaften eines solchen mit allen andern
Arten von Schauspielen, und in so fern es
der Tragödie der Alten, besonders der Euri-
pidischen, näher kommt, als irgend eine
andre moderne Gattung, — Endzweck und
Mittel mit dieser letztern gemein. Hingegen
unterscheidet es sich — wo nicht von
der Griechischen Tragödie, als welche aller
Wahrscheinlichkeit nach selbst eine Art von
Singspiel war — doch von allen übrigen heu-
tiges Tags üblichen dramatischen Gattungen,
durch den wesentlichen Umstand, daß alles,
was in diesen bloß Rede oder Pantomime,
im Singspiele Gesang und Instrumental-
musik, — oder mit Einem Worte, daß die
Musik gleichsam die Sprache des Singspiels ist.

Leute, welche vermuthlich von der Natur
mit einem gröfsern Antheil von kalter Vernunft als feinem Gefühl und musikali-
schem Sinn ausgesteuert worden, haben
gerade diese Eigenschaft, die das Singspiel —
zum Singspiel macht, für höchst unnatürlich
angesehen, und blofs aus dieser Ursache die
Gattung selbst, als ganz widersinnig und wahre
Täuschung hervorzubringen unfähig, verworfen. Das unwidersprechliche Zeugnifs ihrer
Sinne würde sie, wenn sie sogar auf einem
Italiänischen Theater eine *Didone abando-
nata* gesehen und gehört hätten, überwiesen
haben, dafs eine singende und mit Instrumen-
ten begleitete Heldin rühren kann. Aber
auch ohne das hätten sie sich durch eine
kleine Reflexion überzeugen können, dafs ihr
Beweisgrund nicht Stich halte, weil er zu
viel und wider sie selbst heweist. Denn
die nehmlichen Kunstrichter, — die das Singspiel als ein unnatürliches Ungeheuer verbannt wissen wollten, weil niemand mit sich
selbst und andern singend zu reden oder seine
Leidenschaften, Bedürfnisse und Entschliefsungen in grofsen Arien auszudrücken pflegt, —
müfsten aus eben demselben Grunde nicht
nur die sämmtliche Schauspiele der Alten,
sondern auch die moderne Französische und

Engländische Tragödie in gereimten und nicht
gereimten Versen, ja überhaupt alle Schauspiele schon aus dem einzigen Grunde ver-
verfen, weil es unnatürlich und widersinnig
ist, dafs Leute von ihren wichtigsten und
geheimsten Angelegenheiten mit sich selbst
oder ihren Vertrauten in Gegenwart einiger
hundert Zuhörer, die ihnen unmittelbar vor
der Nase sitzen, sprechen, und sich dennoch
einbilden sollten, dafs sie allein seyen, und dergleichen mehr. Jede Schauspielart setzt einen
gewissen bedingten Vertrag des Dichters
und Schauspielers mit den Zuschauern voraus. Die letztern gestehen jenen zu, dafs
sie sich, in so fern man ihnen nur wahre
Natur in Karaktern, Leidenschaften, Sitten,
Sprache, Handlung, Verbindung der Ursachen
und Wirkungen, und so weiter darstellen werde,
durch nichts andres, was entweder eine noth-
wendige Bedingung der theatralischen Vorstellung ist, oder blofs des mehrern Vergnügens der Zuschauer wegen dabey eingeführt
werden, in der Täuschung stören lassen wollen, welche jene Darstellung zu bewirken
fähig ist. Beym Singspiele treten Dichter, Komponist und Sänger vor uns hin, und sagen:
,,Wir wollen einen Versuch machen, wie weit
wir es vereinigt bringen können, euch eine
interessante dramatische Fabel bis zum mög-

lichsten Grade der Täuschung darzustellen.
Wir sind keine so grofse Thoren, euch weifs
machen zu wollen, dafs Ifigenia oder Dido
oder Alceste, wirklich nach Noten singend
unter Begleitung von Bässen, Violinen, Flöten und Hoboen, gestorben seyen; wir verlangen nicht von euch, dafs ihr poetische, musikalische und dramatische Nachahmung, und
ein dadurch entstehendes I d e a l für die Natur s e l b s t halten sollt. Der Mahler, der
euch die Opferung der Ifigenia, auf ein Stück
Leinwand gemahlt, in einem schön geschnitz-
ten und vergoldeten Rahmen hinstellt, verlangt nicht, dafs ihr glauben sollt, seine Ifigenia, sein Agamemnon, sein Kalchas, leben
und athmen in vollem Ernst; ihm genüge
vollkommen, wenn sie euch, trotz eurer Über-
zeugung dafs sie nur gemahlt sind, zu leben
und zu athmen s c h e i n e n. Gesteht unsern
zu euerm Vergnügen verbundenen Schwester-
künsten das nehmliche Recht zu. Wenn wir
es in gewissen entscheidenden Augenblicken
bis zur Täuschung eurer Fantasié bringen,
euer Herz erschüttern, eure Augen mit Thränen erfüllen, — so haben w i r was wir
wollten, und verlangen nichts mehr. Warum
solltet I h r mehr verlangen?" Ich denke, dafs
ist ein Antrag gegen dessen Billigkeit nichts
einzuwenden ist.

Wir werden in der Folge noch einen andern, tiefer aus der Natur hervor gezogenen Grund entdecken, aus welchem sich das Singspiel gegen den Vorwurf der Ungereimtheit vertheidigen läfst; oder, richtiger zu sprechen, wir werden in der Natur selbst den Grund der unläugbaren Begebenheit, „dafs eine singende, und von Geigen, Flöten und so weiter akkompagnierte Ifigenia oder Alceste uns bis zu Thränen rühren kann," entdecken. Bis dahin ist das, was wir hierüber schon gesagt haben, völlig zulänglich, den Satz zu befestigen: dafs das Singspiel, als Tragödie oder rührendes Drama betrachtet, und in so fern als es den grofsen Zweck der Täuschung und innigen Theilnehmung auf Seiten der Zuschauer wirklich zu erreichen fähig ist, seinen Platz unter den verschiedenen dramatischen Gattungen mit Fug und Recht behaupte.

Die Frage ist also nun: wie das Singspiel beschaffen seyn müsse, um jenen Zweck zu erreichen? Und diese Frage wird sich hinlänglich beantwortet finden, wenn wir zeigen, 1) was der Dichter in der Wahl und Behandlung seines Stoffs zu beobachten habe, und 2) was für Pflichten dem Komponis-

ten obliegen, um das Werk und den Zweck
des Dichters mit allen Kräften seiner Kunst
zu unterstützen, und also das, was Poesie
und Tonkunst vereinigt vermögen, wirklich im möglichst hohen Grade bey den Zuhörern hervorzubringen.

III.

Algarotti's an sich selbst richtiger Begriff
vom Singspiele, dafs es unter allen modernen
Schauspielen der Griechischen Tragödie am nächsten komme, würde uns, in Absicht auf die Wahl des Stoffes (*Sujets*)
irre führen, wenn man daraus folgern wollte,
dafs alle Sujets, die sich für die Tragödie
schicken, auch dem Singspiel angemessen wären. Verfassung, Sitten, Religion, Nazional-
karakter, Interesse, Umstände, alles ist bey
uns so sehr anders als bey den alten Griechen, dafs es schwerlich einem Vernünftigen
einfallen könnte, unser Singspiel gänzlich auf
den Fufs der alten Tragödie setzen zu wollen. Aufserdem kommt hierbey auch der unendliche Unterschied zwischen der Musik
der Alten und der unsrigen in Betrachtung,
wie unvollkommen auch bey allem, was
die gelehrtesten Musikverständigen hierin geleistet haben, unsre Begriffe von der wahren
Beschaffenheit der ausübenden Musik der

Alten sind, so scheint doch so viel unläugbar zu seyn, dafs unsre heutige Musik, so
wie sie seit den Zeiten des berühmten Gau-
dimel durch so viele grofse Italiänische,
Deutsche und andere Meister nach und nach
bearbeitet worden, einen Grad der Vollkommenheit erreicht habe, wovon die Alten gar
keinen Begriff hatten. Dieser für uns so vor-
theilhafte Vorzug auf einer Seite, und auf
der andern der Umstand, dafs wir eine Tragödie haben, wo die blofse natürliche Deklamazion, durch Akzion unterstützt, ohne
Hülfe der Musik alles thut, giebt uns einen
sehr entscheidenden Grund, nur solche Stoffe
für dem Singspiel angemessen zu erkennen,
welche der musikalischen Behandlung vorzüglich fähig sind. Man könnte freylich
(wie ein gewisser Tonkünstler sich dessen
einst vermafs) auch den Altonaer Postreiter
in Musik setzen; aber daraus, dafs sich alles
komponieren läfst, folgt noch nicht, dafs
man alles komponieren soll.

Die Musik ist die Sprache der Leidenschaften; man lasse immer das Süjet eines
Singspiels sehr wichtig seyn, und dem Dichter grofse moralische Karaktere, erhabene Ge-
sinnungen, edle Kämpfe zwischen Tugend
und Leidenschaft, und also viele Gelegenheit

darbieten, unser Gemüth mit schönen sittli-
chen Idealen zu ergetzen, und eine Menge
feiner Sentenzen anzubringen: so bald das
Süjet politisch, und der Held des Stücks
ein Staatsmann ist, — wie zum Beyspiel The-
mistokles, oder gar ein Stoiker, wie
Kato von Utika, — so werden weder Komponist, Sänger noch Zuhörer ihre Rechnung
dabey finden. Um diese einiger Mafsen zufrieden zu stellen, wird der Dichter alsdann
genöthiget seyn, dergleichen mehr tragische
als lyrische Dramen durch episodische Liebes-
intriguen, so zu sagen, musikalischer zu machen, im Grunde aber sie dadurch abzuwür-
digen, und ein Werk hervorzubringen, dem
man mit Vergleichung mit Horazens schö-
nem Ungeheuer nicht grofs Unrecht thun
würde. Stücke, in welchen vermöge der Natur des Stoffes viel Staatsinteresse räsoniert
wird, oder wo die Personen lange Dialogen
oder Reden zu halten haben, um einander
durch die Stärke ihrer Gründe zu überzeugen, oder durch den Strom ihrer Beredsam-
keit hinzureifsen, sollten also vom lyrischen Theater gänzlich ausgeschlossen
werden.

Aber auch nicht alle Leidenschaften
schicken sich gleich gut dazu, durch Gesang

und Musik gehörig ausgedruckt und karakte-
risiert zu werden. Unstreitig kann die schöne
Rede der Dido, (in Metastasio's *Didone ab-*
andonata, *Atto II. Sc. 7.*) die sich auf eine
so innigst rührende Art mit den Worten
endigt:

— *e puoi lasciarmi?*

Ah non lasciarmi, nò,

Bel Idol mio!

Di chi mi fiderò

    Se tu m' inganni?

unstreitig kann sie durch den musikalischen
Vortrag nicht anders als gewinnen. Aber
können wir glauben, dafs die Rede des
August, der dem Cinna (des Corneille)
sein Verbrechen vorhält und vergiebt, in ein
Recitativ mit oder ohne Akkompagnement
verwandelt, auch dadurch gewinnen würde?
— Der Abschied der sterbenden Alceste:

O mütterliches Land, o Schwester, o Gemahl,

Zum letzten Mahl, zum letzten Mahl

Sieht euch Alceste, u. s. w.

thut durch die Musik eine grofse Wirkung;
einem so sanften schönen Tod, als Alceste
stirbt, kann man schon singend sterben. Aber
die Rasereyen, die Verzweiflung der

sterbenden Kleopatra in Korneillens
Rhodogune würden durch den musikalischen Ausdruck und Vortrag entweder so sehr
verschönert werden, daſs Kleopatra, gegen die
Absicht des Dichters, uns Thränen ablockte;
oder der Komponist, wenn er mit dem
Dichter ringen wollte, würde unsre Ohren durch ein unleidliches Miſsgetön martern,
und die Sängerin würde, anstatt zu singen,
heulen müssen.

Die Musik — dieſs ist, däucht mir, hierin
das groſse entscheidende Naturgesetz! — die
Musik hört auf Musik zu seyn, so bald sie
aufhört Vergnügen zu machen. Alles zu
verschönern, was sie nachahmt, ist ihre Natur. Der Zorn, den sie schildert, ist der
Zorn des Engels, der den aufrührischen
Satan in den Abgrund söſst; ihre Wuth ist
die Wuth der Liebesgöttin über den
eifersüchtigen Mars, der ihren Adonis getöd-
tet hat. Die Wuth des Ödip, der sich
in seiner Verzweiflung die Augen ausreiſst,
und dem Tage seiner Geburt flucht, ist ihr
untersagt. Alle Gegenstände, die keine ge-
brochene Farben erlauben, alle wilden
stürmischen Leidenschaften, die nicht durch
Hoffnung, Furcht oder Zärtlichkeit gemildert
werden, liegen auſser ihrem Gebiet.

Ich sage diefs nicht ohne Furcht zu viel
gesagt zu haben, und der Allmacht dieser gött-
lichen Kunst engere Grenzen zu setzen, als
sie vielleicht wirklich hat. Wer kann bestimmen, wie hoch ein Komponist, der unter den
Tonkünstlern das wäre was Michael-An-
gelo unter den Mahlern, — ein Gluck oder
Hayden, den Ausdruck und die Nachahmung
der Natur mit glücklichem Erfolg treiben
könnte? — Indessen ist doch gewifs, dafs
eben diese Natur selbst einer jeden Kunst
Grenzen gesetzt hat, welche zu überspringen
sie nicht versuchen soll; und der Verwegene,
der es versucht, kann schwerlich anders als
verunglücken. Der Dichter soll die Schönheit der Helena, die der Mahler unsern Augen
darstellt, durch ihre Wirkung auf ihre An-
schauer wie Homer, nicht durch eine Be-
schreibung im Geschmack des Dares und
Nonnus schildern. — Der Mahler soll sich
nicht unterfangen, den Kampf der Tugend
und Ehre gegen eine schändliche oder unfrey-
willige Leidenschaft im Herzen einer Fädra
mit dem Euripides in die Wette mahlen
zu wollen; und der Tonkünstler sollte
nie vergessen, wenn er schaudern macht,
dafs es nicht der Schauder einer Gabriele
de Vergi, indem sie das in Blut schwim-
mende Herz ihres Liebhabers aufdeckt, —

und, wenn er unsre Augen mit Thränen füllt,
dafs es nicht schmerzliche, sondern wollüstige Thränen, Thränen der Freude, der
Liebe, der zärtlichen Überwallung eines innigst gerührten Herzens seyn müssen.

Wenn diese Betrachtung die Ödipe, die
Atreen, die Fayels, und vielleicht die
meisten eigentlich tragischen Helden vom lyrischen Schauplatz ausschliefst: sollte nicht,
aus einem andern, aber eben so treffenden
Grunde, ein mit Handlung überladenes,
oder in einen allzu künstlichen Kno-
ten verwickeltes Stück sich zur musikalischen Behandlung eben so wenig schik-
ken, als ein äufserst tragisches? — Ich gebe
zu, dafs wenig Handlung auch selbst das lyrische Drama matt und einschläfernd machen
wird, wenn der Dichter und der Komponist
das nicht sind und nicht geleistet haben, was
sie sollen. Aber dieser letzte Fall ändert
nichts in der Theorie, die sich auf die Natur der Sache, nicht auf zufällige Umstände
gründet. Die möglichste Einfalt im Plan
ist dem Singspiel eigen und wesentlich.
Handlung kann nicht gesungen, sie mufs agiert
werden: je mehr Handlung also, je weniger
Gesang. Viel unerwartete Ereignisse, viel
Verwirrung, viel episodische Scenen, und so

weiter, geben freylich dem Stücke mehr Man-
nigfaltigkeit, und können es vielleicht einer
Gattung von Zuhörern angenehm machen, die
den Lärm lieben, und zu flüchtig sind, auch
bey den interessantesten Gegenständen zu
verweilen: aber die Musik gewinnt
nicht dadurch, und der gefühlvolle Zuhörer
noch weniger. Welches sind die Scenen, wo
der Komponist seinem Genie einen freyen küh-
nen Flug erlauben, wo die Musik ihre ganze
seelenbezwingende Macht ausüben kann, wo
wir ganz Ohr, ganz Gefühl sind, wo unsre
Herzen sich erhitzen, glühen, schmelzen?
Sind es nicht diejenigen, wo der Dichter und
der Tonkünstler, mit vereinigten Kräften, uns
von einer Empfindung zur andern, einer Stufe
des Affekts zur andern, mit sich fortreifsen,
und nicht eher ablassen, bis sie uns in eben
dieselben Bewegungen gesetzt haben, wovon
die handelnden Personen selbst durchdrungen
sind? Sind es nicht alsdann nur wenige Worte,
oft nur ein einziges Wort, ein Ton, ein
Blick, eine Bewegung mit der Hand, die uns
das Herz umkehren? — Und wie kann eine
so kleine Ursache so grofse Wirkung thun?
Blofs darum, weil unsre Seelen stufenweise
dazu vorbereitet, erweicht, und, so zu sagen,
unvermerkt untergraben worden sind! Es gehört oft eine lange Reihe von vorbereitenden

Vorstellungen und Empfindungen dazu, um einem einzigen grofsen Schlag, den der Dichter an unser Herz thun will, seine volle Kraft zu geben. Hat in einem musikalischen Drama der Dichter oder der Komponist diese geheimen Anstalten vernachlässiget, so mufs er sich nicht befremden lassen, wenn er uns bey einer Stelle gleichgültig bleiben sieht, welche die gröfste Wirkung hätte thun sollen.

Eine ausgeführte Behandlung und Entwicklung der Affekten scheint also auf eine ganz besondere Weise zum Wesen des Singspiels zu gehören. Aber diese ist bey einem sehr zusammen gesetzten, verwickelten und intriguenvollen Süjet dem Dichter selten oder gar nicht möglich. Er hat alsdann nicht Zeit, uns so tief in das Innerste seiner Personen schauen zu lassen. Er kann uns nicht in diese genaue Bekanntschaft mit ihnen setzen, die das Interesse so sehr verstärkt, und uns einen ungleich lebhäftern Antheil an ihren Empfindungen nehmen läfst, als wir an den blofsen Begebenheiten und Handlungen von Personen nehmen können, die uns ohne eine solche vertrautere Bekanntschaft immer fremd bleiben, wiewohl wir sie alle Augenblicke sehen und hören. Ist es aber des Komponisten Schuld, wenn ein solches Stück wenig Wirkung thut?

Was bleibt ihm übrig, als darauf bedacht zu
seyn, wie er durch alle die Hülfsqullen, die
ihm die Melopöie und Harmonie darbieten,
durch künstlich ausgeführte Sätze, schim-
mernde Arien, überraschende Passagen, kon-
certierende Instrumente, und dergleichen, wenigstens den O h r e n der Zuschauer genug
thun möge, da er so wenig Hoffnung vor
sich sieht, ihrem H e r z e n beyzukommen?

Die Meinung, dafs der Stoff des Sing-
spiels aus der R e g i o n d e s W u n d e r b a r e n
hergenommen seyn m ü s s e, und zwar aus der
Ursache, weil im Singspiel A l l e s Musik ist,
scheint mir nicht viel mehr Grund vor sich
zu haben, als wenn man den Kupferstecher
auf wunderbare Gegenstände einschränken
wollte, weil in seinen Blättern alles schwarz
oder weifs ist. Es ist nicht wunderbarer, mit
einer kleinen Anzahl ähnlicher oder kontras-
tierender Töne Empfindungen und Leidenschaften zu mahlen, als eben diefs mit ein
wenig schwarzer Farbe auf einem Bogen
weifsen Papiers zu bewerkstelligen; und Natur und Wahrheit werden in jenem Falle nicht
mehr verletzt als in diesem. Das Singspiel
setzt, wie oben schon bemerkt worden, einen
stillschweigenden Vertrag zwischen der Kunst
und dem Zuhörer voraus. Dieser weifs wohl,

daſs man ihn täuschen wird; aber er will sich täuschen lassen. Jene verlangt nicht für Natur gehalten zu werden; aber sie triumfiert, wenn sie mit ihrem Zauberstab noch gröſsere und schönere Wirkungen hervorbringt als die Natur selbst.

Die Einwendung des Algarotti gegen die historischen Süjets der Opern scheint also ohne hinlänglichen Grund zu seyn. Wir können ihm beyflichten, wenn er sagt: „Man fühle gar mächtig, daſs Triller und Ruladen im Mund eines Julius Cäsar oder Kato nicht so guten Anstand hätten, als im Munde der Venus oder des Apollo." — Aber dieſs beweist nur gegen den Dichter, der so wenig Beurtheilung hat, entweder einen Helden zu wählen, dessen ganzer Karakter dem Singspiele nicht angemessen ist, oder gegen den Komponisten, der einen groſsen Mann wie einen weichlichen Atys behandelt. Kein vernünftiger Liebhaber der Musik, der einen Begriff davon hat was ein Singspiel ist, wird sich darüber ärgern, den Alexander oder den Porus in einem Singspiele singen zu hören: aber ärgern wird er sich, nicht über die Oper, sondern über die schlechte Beurtheilungskraft des Komponisten, oder über den Eigensinn der Sänger

und die Tyranney der Mode, denen oft die
gröfsten Meister seufzend nachgegeben haben,
wenn Alexander und Porus nicht so singen, wie es der Gröfse ihres Karakters an-
ständig ist.

Algarotti's übrige Einwendungen gegen die
historischen Singspiele sind noch uner-
heblicher, weil sie sich blofs auf die konven-
zionellen Begriffe von der Oper gründen. Nach
dem von uns aufgestellten Begriffe vom Singspiel ist wenig daran gelegen, „dafs die meisten historischen Süjets wenig Schauspiel
und Augenweide darbieten" — denn das
Singspiel ist kein Guckkasten — oder
„dafs es nicht leicht ist schickliche Tänze und
Divertissements dazu zu erfinden" — denn
Tänze und Divertissements gehören ganz und
gar nicht zum Wesen des lyrischen Drama.
Alles kommt also blofs darauf an, ob das historische Süjet zugleich einfach, interes-
sant und musikalisch genug für das Singspiel ist. Ist diefs, so hat es alle wesentlichen Erfordernissen eines lyrischen Stoffes;
das übrige kommt auf den Genie und die Ausführung des Dichters, des Komponisten und
des Sängers an. Die Gattung kann nichts
dazu, wenn ein Süjet nicht in die rechten
Hände fällt.

Indessen ist doch nicht zu läugnen, dafs, in so fern im Singspiele Musik und Gesang eine Art von idealischer Sprache ausmachen, die über die gewöhnliche Menschensprache weit erhaben ist, — dafs schon aus dieser Ursache etwas in der Natur desselben liege, womit wir den Begriff des Wunderbaren zu verknüpfen uns nicht enthalten können. Wenn wir uns einen würdigen sinnlichen Begriff von einer Göttersprache machen wollten, so müfste es, däucht mich, diese musikalische Sprache seyn. Es scheint also aus einem in der Natur der Sache liegenden Grunde herzukommen, dafs wir die Griechischen Götter und Götterkinder, vermöge eines unwillkührlichen innern Gefühls, auf dem lyrischen Theater schicklich und, so zu sagen, in ihrer eigenthümlichen Sfäre finden; da sie uns hingegen auf dem tragischen, selbst in einem Griechischen Stücke, anstöfsig seyn würden. In dieser Rücksicht scheinen also mythologische Süjets (in so fern alles übrige gleich ist) allerdings mehr Schicklichkeit zum Singspiele zu haben als historische.

Eben dasselbe läfst sich gewisser Mafsen auch von solchen behaupten, die aus dem heroischen Zeitalter der Griechen

oder irgend eines andern bekannten Volks
genommen sind. — Denn wenn ich lieber
Griechische Süjets zum Singepiele wählen
möchte, so wär' es mehr darum, weil sie uns
nach unsrer bisherigen, hierin lobenswürdigen,
Erziehungsart ungleich bekannter, und also
auch schon darum interessanter sind, als Hy-
perboreische, Indianische, Mexika-
nische und so weiter, als aus irgend einem
andern Grunde; wiewohl auch der Umstand,
daſs wir mit dem Begriffe von Griechen
überhaupt die Idee eines von allen Musen
vorzüglich begünstigten Volkes zu verknüpfen
pflegen, hier nicht ganz ohne Gewicht seyn
möchte. — Ich sage also, Stoffe, die aus der
heroischen Zeit genommen sind, haben
eine vorzügliche Schicklichkeit zum Singspiele,
weil alles, was diese Zeit so stark von der
unsrigen abstechen macht, zusammen genommen, ein Gefühl des Wunderbaren in uns
erregt, dessen Stärke dem Grade unsrer Entfernung von dem ursprünglichen Leben und
Weben der noch unbezwungenen, muthvollen
und mit allen ihren Naturkräften wirkenden
Menschheit proporzioniert ist. Es scheint uns
eben so natürlich, daſs Menschen aus diesem
Zeitalter eine unendlich vollkommnere, kräf-
tigere und die Saiten unsers Gefühls stärker
rührende Sprache reden, das ist, daſs sie statt

zu reden singen, als dafs sie stärkerer Leidenschaften, edlerer Entschliefsungen und küh-
nerer Thaten fähig sind als wir; und so finden
wir die Alcesten, Ariadnen, Medeen,
Ifigenien, auf dem lyrischen Theater eben
so natürlich als die Göttinnen und Nymfen, die wir als Wesen zwar von höherer,
aber doch ähnlicher Art mit jenen zu betrachten gewohnt sind.

Die Zeiten der irrenden Ritterschaft (aus
welchen Ariost und Tasso den Stoff zu
ihren herrlichen Gedichten, so wie einige
Italiänische und Französische Operndichter aus
diesen den Stoff zu ihren Angeliken, Armiden, Alcinen, Bradamanten und so
weiter hergenommen haben) machen eigentlich keine besondere Epoke in der Geschichte
der Menschheit aus; sie kommen in allen
wesentlichen Stücken mit der heroischen Heldenzeit der Griechen völlig überein. Die
Argonauten und die übrigen Heroen der
letztern sind mit den Rittern von der run-
den Tafel, den Amadisen, Rolanden
und Rinalden, völlig von einerley Schlag;
in beiderley Zeiten spielen Helden, Damen,
Riesen, Drachen und Ungeheuer aller Arten
eine Rolle, und die Urganden, Alcinen und Armiden sind nicht gröfsere Zau-

b erinnen als die Medeen und Circen der
Griechen.   Von den Stoffen aus den Zeiten
der Ritterschaft gilt also eben dasselbe, was
von den heroischen.

Und warum nicht auch von denen aus der
poetischen Schäferwelt? — Wohl
verstanden, dafs darunter weder die meta-
fysischen Seladons am Lignon, noch
die galanten Schäfer des Fontenelle,
noch die faden, langweiligen Hirten in unsern ehmahligen Nachspielen, sondern eine
Art von Hirten gemeint sind, wozu uns die
Natur selbst die Originale gegeben hat, und
in manchem glücklich unbekannten Winkel
des Erdbodens noch giebt.   Die Schäferwelt
der Dichter, das selige Hirtenleben der ältesten Menschen, wovon das Arkadien unsers
Gefsners das Ideal ist, fällt bey den Griechen in die nehmlichen heroischen Zeiten,
wo die Götter noch mit den Töchtern der
Menschen lustwandelten, Apollo in Gestalt
eines schönen Hirten die Herden des Admet
weidete, Jupiter und Merkur in Filemons
Hütte Zuflucht suchten, und Venus ihre Lieblinge unter Schäfern wählte.   Diese Hirtenwelt ist für uns nicht weniger wunderbar
als die Heldenzeit, aber gewifs ohne Vergleichung anziehender. Denn was ist, zumahl

in einem gewissen Alter, oder in der Ge-
müthsstimmung, worin wir uns befinden, wenn
wir des Getümmels, der Fesseln, der Thor-
heiten und Mühseligkeiten des höfischen und
städtischen Lebens überdrüssig sind, was ist
uns dann angenehmer als diese lachenden Gemählde von Ruhe, Unschuld, Liebe und
Glückseligkeit? dieses mehr zum Vergnügen
als aus Noth beschäftigte, sorgenfreye Leben
im Schoofse der Natur? diese selige Gleich-
heit, diese von Wildheit und Verkünstelung
gleich weit entfernte schöne Einfalt und Güte
der Sitten, wovon uns unser Herz sagt, dafs
ohne alles diefs kein glückliches Leben sey?
Wie natürlich also, dafs wir uns so gern in
dieses Arkadien versetzen lassen, dafs wir
die Darstellung desselben auf dem lyrischen
Schauplatze lieben, und, wenn ein Dichter wie
Gefsner mit einem Tonkünstler wie Per-
golesi sich zusammen fänden, und uns lyrische Schäferspiele gäben, sie vielleicht
allen andern Arten vorziehen würden!

————

FORTSETZUNG UND BESCHLUSS

DER GEDANKEN

ÜBER DAS

DEUTSCHE SINGSPIEL.

_____

pars prioribus!

IV.

Ich glaube hinlänglich gezeigt zu haben:
„Daſs dem Dichter eines Singspiels zur Wahl
seines Stoffes nicht nur die Griechische
Götter-Helden- und Hirtenwelt nebst
der neuern Ritterzeit, sondern sogar
die wirkliche Geschichte offen stehe;
daſs aber darum nicht jedes Süjet aus einem
dieser Felder tauglich sey, sondern die Wahl
des Dichters nur auf solche fallen müsse,
welche der musikalischen Behandlung fähig sind;

„Daſs er also 1) alle diejenigen bey
Seite legen müsse, die, entweder wegen
der Natur der Handlung, oder weil sie
gar zu verwickelt und mit zu viel Begebenheiten beladen sind, sich besser zur
Tragödie als zum Singspiele schicken;

„Daſs er 2) in der Wahl selbst für solche Karakter, Leidenschaften und Situazionen

sich entscheiden müsse, die durch die
musikalische Verschönerung nichts
von ihrer Wahrheit verlieren;

„Daſs er 3) den Plan so einfach an-
legen, und auf so wenige Personen als
möglich einschränken, und schlechterdings,
wo nicht alle Episoden, doch alle solche
vermeiden müsse, die das Hauptinteresse, anstatt es zu erhöhen, schwächen würden;

„Endlich, 4) daſs er hauptsächlich dahin
zu arbeiten habe, seine Personen mehr in
Empfindung und innerer Gemüths-
bewegung als in äuſserlicher Handlung darzustellen."

In diesen an sich selbst ganz einleuch-
tenden Grundsätzen ist, däucht mich, alles enthalten, was der Dichter eines lyrischen Drama (auſser den Gesetzen, die allen dramatischen Werken überhaupt gemein sind) in
Absicht auf die Wahl und Behandlung des
Stoffes zu leisten hat, und was die Zuhörer
mit Recht von ihm fordern können und fordern sollten, weil sie ihm, ohne ihrem eignen Vergnügen Schaden zu thun, nichts davon erlassen können.

Denjenigen, welche die Wälschen Opern
kennen, brauche ich nicht zu sagen, daſs

Singspiele nach diesen Grundsätzen verfaßt
in der That eine neue Gattung seyn, und
die große Wirkung, welche Algarotti in
der Oper seiner Zeit vermißt, unfehlbar hervorbringen würden, wofern der Komponist
mit dem Dichter aus Einem Geist und
auf Einen Zweck arbeitete, und die Sänger den Pflichten, die ihnen von beiden auf-
gelegt werden, genug zu thun den Willen
und das Vermögen hätten. Bey dieser freylich
zu jenem Zweck schlechterdings nothwendigen doppelten Bedingung sey mir erlaubt noch
etwas länger zu verweilen.

Algarotti beginnt diesen Abschnitt seines Versuches über die Oper mit einer äußerst
strengen Deklamazion gegen die Ausartung und verderbte Beschaffenheit
der Musik unsrer Zeit. — Es ist be-
merkenswerth, daß diese nehmliche Klage vor
sechzehn hundert Jahren von Plutarch, und
vor mehr als zwey tausend schon von Plato
geführt worden ist. Die Gelehrten wissen,
wie heftig dieser letztere über die Ausartung,
Weichlichkeit und Üppigkeit der Musik seiner Zeit eifert. Und zu welcher Zeit
that er das? Zu einer Zeit, da die Musik
von ihrer gegenwärtigen Vervollkommnung
wahrlich noch sehr weit entfernt war; da

man noch keinen Begriff von Kontrapunkt und
vielstimmiger Harmonie hatte; da die meisten
Instrumente, womit unsre Virtuosen ihre Zeichen und Wunder thun, entweder noch un-
erfunden, oder noch sehr unvollkommen waren; da der gröfste Kor weiter nichts thun
konnte, als dem Vorsinger nachzusingen; und
der ganze Gebrauch, den man von den Instru-
menten dabey zu machen wufste, darin be-
stand, dafs man sie mit der Singstimme, eine
oder mehr Oktaven höher oder tiefer, fortlau-
fen, oder höchstens auf gewissen Grundtönen
aushalten liefs. Doch, diefs hindert nicht,
dafs jene Klagen Plutarchs, Platons und andrer
weisen Männer unter den Alten nicht ihren
guten Grund sollten gehabt haben; denn sie
gingen doch hauptsächlich darauf, dafs man
zu ihrer Zeit (wie zur unsrigen) das
Schwere dem Singbaren, die Absicht,
durch die äufsersten Grade der künstlichen Ausführung in Erstaunen zu
setzen — dem edlern Bestreben, das Herz
zu rühren, und, wenn man auch diefs letztere suchte, die Erweckung wollüstiger
Gefühle und Leidenschaften von der grö-
bern Art — der Beruhigung des Gemüths oder der Erhebung der Seele zu den
schönsten Gesinnnngen und der Anfeurung
derselben zu grofsen Thaten vorzog.

Die Musik eines Volkes — wie vollkommen oder unvollkommen sie übrigens seyn mag — steht immer in sehr enger Beziehung mit den öffentlichen Sitten. Plutarch lebte in einer Zeit, wo die Verderbnifs der Sitten, die Weichlichkeit der Lebensart, die Entnervung der Leiber durch die zügelloseste Ausgelassenheit in natürlichen und unnatürlichen Wollüsten, und folglich die Unvermögenheit der Seelen zu allem, was Kraft, Anstrengung, Enthusiasmus und Aufopferung voraussetzt oder fordert, — zum tiefsten Grad herunter gesunken war. Eben so lebte auch Plato zu einer Zeit, wo die Griechen, (nicht mehr die Homerischen) und besonders seine Athener, von der vormahligen edlen Einfalt ihrer Sitten sich schon sehr weit entfernt, die Stärke ihrer Vorfahren meistens schon verloren, und mit Asiens Reichthümern auch an Üppigkeit und Wollüsten Geschmack gefunden hatten. Nothwendig mufste in beiden Zeitaltern auch die Musik (und diese vorzüglich vor andern schönen Künsten, weil sie unter allen am stärksten auf die Leidenschaften wirkt) mit den Sitten ausarten; mufste die Einfalt, Kraft und Würde verlieren, die sie gehabt hatte, da Gesang und Tanz von den Orfeen, Amfionen, Foroneen u. s. w. zu einem gottesdienstlichen und politischen Hülfsmittel gemacht worden war. Nothwendig mufsten in einer Zeit, wo ein Alcibiades — Perikles, und eine Lais — Aspasia war, auch die Musen zu Dienerinnen der Wollust werden, so wie die Pindarischen Grazien ihres ehrenvollen Amtes, die Gastmähler und Tänze der Götter, und alles was im Olympus geschieht anzuordnen, [1)] entsetzt, zu blofsen Gespielen und Aufwärterinnen der Liebesgöttin herab gewürdiget wurden.

Indessen ist doch wohl nicht zu läugnen, dafs der göttliche Plato, seiner Gewohnheit nach, die Sache zu weit trieb, wenn er, unter dem Vorwand, alle Veränderung in der Musik sey den Sitten gefährlich, verlangte, dafs die Griechen, nach dem Beyspiel der Ägypter, der Musik unter der Sankzion eines furchtbaren Strafgesetzes eine eben so unveränderliche Einförmigkeit auferlegen sollten, wie der Staatsverfassung und den gottesdienstlichen Geb äuchen. Bekannter Mafsen erstreckte sich bey den alten Ägyptern dieses Gesetz auf alle schönen Künste,

---

1) Siehe Pindars vierzehnten Olympischen Gesang.

welche sich durch diese vorsichtige Politik der
Priester (der ersten Gesetzgeber und Regenten
Ägyptens zu einer ewigen Kindheit verdammt
sahen. Wenn es auf Plato und seine Ägyp-
tischen Priester angekommen wäre, so hätten
die Griechen nicht nur keinen Damon und
Timotheus, keinen Fidias, Myron, Ly-
sippus, Zeuxis und Appelles — sie hätten sogar keinen Homer gehabt.

Es ist immer eine eigene Grille aller filo-
sofischen Mifsvergnügten und Weltver-
besserer gewesen, den Menschen vollkommen haben zu wollen, was er doch
nicht seyn kann; und, über alle Folgen seines natürlichen Strebens nach Vervollkommnung zu schmählen, welches doch gerade das
ist, was ihn zum Menschen macht. Plato
und Plutarch verdammen die Musik zu ein-
förmigen feierlich-langsam hintönenden Melodien, weil zwey-und dreygeschwänzte Noten
und ein paar Saiten auf der Lyra mehr die
Sitten verderben könnten; gerade so wie
Rousseau die Wissenschaften aus seiner
Republik verbannt, weil sie Sofisterey und
Hypothesen, Dogmatiken und Polemiken, kurz
viel Unraths und böser Händel in die Welt
gebracht haben.

Jeder neue Schritt zur Vollkommenheit in jeder Kunstfertigkeit, Wissenschaft und Tugend, führt zu neuen Abwegen auf beiden Seiten. Was thut das? Anstatt darüber zu wimmern, dafs wir nicht noch immer in der Wiege liegen oder am Führbande gehen, lafst uns lieber darauf denken, wie wir des Guten, dessen uns jeder Fortschritt auf der Laufbahn der Menschheit theilhaftig macht, mit so wenig Nachtheil als möglich geniefsen mögen, ohne uns an diese Gesellen des Doktor Peter Rezio von Tirteafuera ²) zu kehren, die auf jedes Gericht, wovon wir kosten wollen, unter dem Vorwande, dafs es zu hitzig oder zu kaltend, zu nahrhaft oder zu leicht, zu süfs oder zu sauer sey, ihr verwünschtes Stäbchen fallen lassen, und uns, aus lauter Sorge für unsre Gesundheit, hungern liefsen, bis uns die Eingeweide zusammen schrumpften.

Wer so überhaupt an die grofsen Meister in der musikalischen Komposizion denkt, die in den nächsten funfzig Jahren mit einander in die Wette geeifert, und an die vortreff-

---

²) Leibarzt der Satthalter der Insel Barataria im Don Quixote.

lichen Werke in so mancherley Arten, die
sie hervorgebracht haben, der könnte leicht
bey Algarotti's Klageliedern über den Verfall
der guten Musik den Bräutigam zu hören
glauben, der sich beklagte, daſs seine Braut
zu schön sey. Und gleichwohl läſst sich
nicht läugnen, daſs viel Wahres an seinen
Klagen ist.

Was ist zum Beyspiel gegründeter, als
seine Beschwerde: „daſs die Mode, —
nicht zufrieden über Kleidung und Kopfputz
zu herrschen — ihr unbefugtes Ansehen sogar über die Werke einer Kunst ausdehne,
welche der Natur nachahmen, und also un-
veränderlich seyn soll wie sie.“ — In der
That ist nicht wohl abzusehen, warum man
denjenigen, der ein musikalisches Werk bloſs
darum, weil es alt ist, gering schätzt, nicht
eben so lächerlich findet, als derjenige
seyn würde, der ein Gemählde von Tizian
oder Korreggio deſswegen verachten wollte,
weil es dritthalb hundert Jahre alt sey. Liegt
denn der Grund, warum ein Gesang schön
ist, nicht eben so tief in der Natur, hängt
er nicht eben so wenig von Willkühr und
Zufall ab, als der Grund, warum ein Gemählde
oder ein Gedicht schön ist? Gewiſs, der an-
maſsliche Liebhaber der Musik, für den eine

Arie von Leon oder Vinci aus der Mode
ist, wird (wenn er aufrichtig seyn will) aus
den nehmlichen Ursachen die Toilette
der Venus von dem Antigrazien-Mah-
ler Boucher der Verklärung von Ra-
fael vorziehen! — Dafs der musikalische
Geschmack zu gewissen Zeiten, oder bey
einem gewissen Volke, so verdorben seyn
könne, dafs die meisten, von den tonange-
benden Midassen verführt, das wahre
Schöne nicht fühlen, und dagegen Grimassen
von Bewunderung machen, wo der Mann von
richtigem Gefühl die Achseln zuckt: wer
zweifelt daran? Aber ein musikalisches
Werk, das zu irgend einer Zeit vortrefflich war, das ist, eine grofse, allgemeine Wirkung auf Herz und Einbildungskraft that,
wird es zu allen Zeiten bleiben. Fehlt
es etwann an Beyspielen, die diese Wahrheit
beweisen? Thut das berühmte Miserere
des Allegri, wiewohl es über hundert und
funfzig Jahre alt ist, in der päpstlichen Ka-
pelle nicht auf alle die es hören, noch immer
eben dieselbe wunderbare Wirkung? 5) Wer-

5) Gegen dieses Beyspiel wird mit Recht einge-
wendet werden, dafs dieses Wunder nicht sowohl
von den Noten des Allegri, als von der besondern

den nicht die Köre in den Opern eines Lülly
und Händel noch immer herrlich und
unübertrefflich gefunden? Und wenn Kenner
von den Arien dieser grofsen Meister weniger vortheilhaft urtheilen, kommt es nicht
blofs daher, weil sie (wenigstens grofsen
Theils, was auch die Ursache seyn mag)
in ihrer Art nicht so vortrefflich als die
Köre sind? — So würden nicht nur Kenner, sondern alle Menschen, die ein Paar hö-
rende Ohren und ein fühlendes Herz haben,
von musikalischen Werken urtheilen, wenn
(was mehr zu wünschen als zu hoffen ist)
einmahl als ein allgemeiner fest stehender
Grundsatz angenommen wäre: dafs man den
Werth einer musikalischen Komposizion blofs
nach den Wirkungen, die sie auf unser Gemüth macht, bestimmen müsse.

Übrigens mag wohl (im Vorbeygehen gesagt) ein besonderer Grund vorhanden seyn,
warum bey den Italiänern die Begierde
nach Neuem dem Geschmack am Schönen

Art des Vortrags und dem entzückenden Zusammen-
klang einer so grofsen Menge zu diesem gemein-
schaftlichen Vortrag abgerichteter und geübter schöner Stimmen gewirkt werde. Anm. d. Herausgebers.

so viel Eintrag thut. Vermuthlich liegt es blofs an der aufserordentlichen Liebe dieser Nazion für alles was Musik heifst, und an dem Umstande, dafs man (besonders in Neapel und Venedig) allenthalben wo man geht und steht, bey Tag und bey Nacht, zu Wasser und zu Lande, Gesang und Saitenspiel um die Ohren klingen, schwirren und sausen hört. Ein schöner Gesang erregt in seiner ersten Neuheit ein so allgemeines Entzücken, dafs er in kurzem von allen Lippen tönt; und nun wird er so oft gesungen, so oft verschlungen, so oft mit ganzem und mit halbem Ohre gehört, dafs er bald aus einer fysischen Ursache keine lebhafte Empfindung mehr erregen kann, folglich einem so gefühlgierigen Volke, als die Italiäner sind, mehr Überdrufs als Vergnügen machen mufs. Man könnte sich ja zuletzt an der Venus selbst müde sehen; uud wer nur zehn Tage hinter einander immer das nehmliche Solo von Besozzi hätte blasen hören, würde sich zuletzt nach dem Dudelsack eines Bärenführers sehnen.

Indessen gestehet Algarotti, dafs diese Veränderlichkeit des Geschmacks seiner Landsleute der Musik wenig schaden würde, wenn der Hauptfehler nicht an den Komponisten selbst läge. Diese Künstler vergossen, seiner Meinung nach, gar zu gern, daſs die Musik, wenn sie nicht Empfindungen vorträgt, und dadurch bestimmte Eindrücke auf unsre Seele macht, nur ein schaler Ohrenschmaus ist; daſs Musik und Poesie Schwestern und nur durch ihre Vereinigung allmächtig sind; aber daſs, auch wenn sie sich vereinigen, die erste der ander untergeordnet seyn muſs, und daſs alles verloren ist, so bald sie anstatt zu gehorchen, herrschen will.

In der That, wenn die Opernkomponisten so oft, als es ihnen Algarotti Schuld giebt, in dem Falle sind, jene unläugbaren Grundsätze zu vergessen, so haben sie sehr Unrecht. Denn was unternimmt der Komponist, der das Werk eines Dichters in Musik setzt, anders, als die Zeichnung und Skizze eines andern auszumahlen? Und was könnte dabey heraus kommen, wenn er sich nun einbildete nach eigener Willkühr verfahren zu dürfen, und weder in der Wahl und Mischung der Farben, noch in Vertheilung des Lichts und Schattens, noch im Ton des Ganzen die Gedanken des Erfinders zu Rathe ziehen wollte? Musik und Akzion sind im Singspiel bloſse Organen, wodurch der Dichter

auf unsre Seele wirken soll. Noch richtiger
könnte man sie mit den Grazien vergleichen,
die der Schönheitsgöttin zugegeben sind, um
sie anzukleiden, zu schmücken und zu bedie-
nen, und denen es gar nicht einfällt, auf
Unkosten ihrer Gebiete in glänzen zu wollen. Der Tonkünstler, der die Wirkung des
Gedichts, über welches er arbeitet, der juk-
kenden Begierde seine Kunst sehen zu lassen aufopfert, ist einem Mahler gleich, der
die Juno vernachlässigen wollte, um unsre
ganze Aufmerksamkeit auf ihre Pfauen zu
heften.

Doch, es würde ungerecht seyn, wenn
man den Komponisten, und unter ihnen so
manchem grofsen Meister, (welche hierin mit
den übrigen sich so ziemlich in gleicher
Schuld befinden) zum besondern Vorwurf
machen wollte, was eine natürliche Frucht
des einmahl angenommenen Begriffs von der
Oper und des einzigen Effekts, den man dabey abzielte, war. Denn diesem Begriff zu
Folge war Ohren- und Augenlust alles
was die Zuhörer verlangten, und alles womit
man sie bis zur Sättigung bediente. Der
Poet war nur ein demüthiger Diener des
Komponisten, des Dekoratörs, der
Sänger und Tänzer, der seine Schuldig-

keit schon gethan hatte, wenn er seinen ge-
bietenden Herren und Damen nur recht viel
Gelegenheit gegeben hatte, ihre Talente aus-
zulegen. Die ganze Einrichtung der Opern-
musik, der Zuschnitt aller besondern Theile,
die Form der Arien und Recitative, alles
gründete sich auf diesen Begriff und bezog
sich auf diesen Zweck.

Daher diese Ouvertüren, die (wie andere Symfonien) immer aus einem Allegro,
Adagio und Presto zusammen gesetzt, mit
dem Stücke selbst gemeiniglich nicht die mindeste Verbindung haben, und (wie Algarotti
sagt) den Exordien gewisser Kanzelredner
gleichen, die mit einem Strom von schönen
Frasen nichts zur Sache gehöriges sagen,
sondern eben so gut zu jeder andern Rede
gebraucht werden können.

Daher die gewöhnliche Vernachlässigung
des Recitativs, über welches gemeiniglich
Komponist und Sänger, als über etwas ihrer
Aufmerksamkeit und Kunst unwürdiges, so
schnell als möglich wegeilen, und die man
meistens nur als eine Art von Ruheplätzen betrachtet, wobey Sänger und Zuhörer Athem
schöpfen, jener seine Kräfte zu einer grofsen
Bravurarie sammeln, diese nach Herzenslust

plaudern, lachen, liebäugeln, spielen oder
schlafen können, bis sie wieder durch das
prächtige Geräusch oder zärtliche Getön eines
Ritornells erinnert werden, daſs eine neue
Arie im Anzug sey, die, wenigstens um der
schönen Ruladen und Kadenzen des Sängers
willen, Aufmerksamkeit verdiene.

Daher, daſs man die Arien als die Haupt-
sache in der Musik einer Oper behandelte;
aber nicht etwa um eine groſse Wirkung
auf das Herz dadurch zu thun, sondern um
dem Komponisten und Sänger einen Tummel-
platz zu geben, wo sie mit einander um den
Preis ringen, und alle ihre Künste, die Ohren zu bezaubern, zu überraschen und in wol-
lüstiges Erstaunen zu setzen, in die Wette
auslassen könnten. Daher die unendliche
Überladung derselben mit Zierathen; daher die ewigen seiltänzerischen, und meistens
gar nichts sagenden Passagien; daher die bis
zum Ekel getriebnen und ganz am unrechten
Orte angebrachten Wiederholungen der Wör-
ter; daher die Abtheilung der groſsen Arie in
drey Theile, und das oft so unnatürliche Da
Kapo; daher die unmäſsig langen, und un-
schicklichen Ritornellen, wo zum Beyspiel
ein Mensch, der vor Zorn auſser sich ist, mit
verschränkten Armen da steht und wartet,

seine Wuth ertönen zu lassen, bis das Or-
kester ihm das rauschende Thema seiner
Arie mit einer Menge Wendungen und Ver-
zierungen vorgespielt hat; aber daher auch
der Überdrufs eines jeden Zuhörers von Gefühl, der sich durch das Vergnügen, das ihm
eine Lieblingssängerin mit allen ihren Wun-
derkünsten machen kann, für die gähnende
lange Weile, die ihm das ganze Stück
verursacht, nur schlecht entschädiget hält.

Die Ausnahmen, die zu Gunsten mancher
bekannten Stücke, oder einzelner Scenen,
sonderlich in den besten Opern des Metastasio, zu machen sind, verhindern nicht,
dafs alle diese Vorwürfe, welche Algarotti
dem Wälschen Singspiele macht, nicht überhaupt nur zu wohl gegründet seyn sollten.
Schon die neue Gestalt, welche Metastasio
der Oper gab, war ein starker Schritt zur
Verbesserung des lyrischen Theaters. Wie
sollten Männer von so grofsem Genie als
Hasse, Graun, Jomelli, ein Galluppi und
so weiter, die Aufforderung, ihr Genie im
Ausdruck der Leidenschaft zu zeigen, die in einer *Didone abandonnata*,
einem *Demofoonte*, *Siroe*, *Tito* an sie gethan wurden, nicht mit Freuden angenommen
haben? Aber dem ungeachtet blieb es in

Absicht des Ganzen immer bey dem einmahl
eingeführten und zum Gesetz gewordnen Her-
kommen. Weder Dichter noch Komponist
waren Meister zu thun was sie wollten; beide
mußten sich, gern oder ungern, der Tyranney der Gewohnheit und der Sänger unterwerfen; und das Publikum, welches in keiner Sache von der Welt sein wahres Interesse zu kennen scheint, war auch hierin zu
sinnlich, um eine gründliche Reformazion des
Singspiels, so viel an seiner Seite möglich
war, zu befördern.

Endlich haben wir die Epoke erlebt, wo
der mächtige Genie eines Gluck dieses große
Werk unternommen hat, das — wofern es
jemahls zu Stande kommen kann — durch
einen Feuergeist wie der seinige gewirkt
werden müßte. Der große Erfolg seines Or-
feus und Eurydice, seiner Alceste, seiner Ifigenie, würden alles hoffen lassen,
wenn sich nicht unüberwindliche sittliche
Ursachen, gerade in jenen Hauptstädten
Europens, wo die schönen Künste ihre vornehmsten Tempel haben, seinem Unternehmen entgegen setzten! — Künste, die der
große Haufe bloß als Werkzeuge sinnlicher
Wollüste anzusehen gewohnt ist, in ihre
ursprüngliche Würde wieder einzusetzen, und

die Natur auf einem Throne zu befestigen,
der so lange von der willkührlichen Gewalt
der Mode, des Luxus und der üppigsten
Sinnlichkeit usurpiert worden: — ist ein
grofses und kühnes Unternehmen! Aber zu
ähnlich dem grofsen Unternehmen Alexanders
und Cäsars, aus den Trümmern der alten
Welt eine neue zu schaffen, um nicht ein
gleiches Schicksal zu haben. Eine Reihe von
Glucken (so wie zum Projekt einer Uni-
versalmonarchie eine Reihe von Alexandern
und Cäsarn) würde dazu erfordert, um diese
Oberherrschaft der unverdorbenen Natur über
die Musik; diesen einfachen Gesang, der wie
Merkurs Schlangenstab die Leidenschaft erweckt oder einschläfert, und die Seelen in
Elysium oder in den Tartarus führt; diese
Verbannung aller Sirenenkünste; diese
schöne Zusammenstimmung aller Theile zur
grofsen Einheit des Ganzen, auf dem lyrischen Schauplatze herrschend und fortdauernd
zu machen. — Gluck selbst — bey allem
seinem Enthusiasmus — kennt die Menschen
und den Lauf der Dinge unterm Monde zu gut,
um so etwas zu hoffen! Schon genug, dafs
er uns gezeigt hat, was die Musik thun
könnte; wenn in diesen unsern Tagen irgend-
wo in Europa ein Athen wäre, und in die-

sem Athen ein **Perikles** aufträte, der für
das Singspiel thun wollte, was jener für
die Tragödien des Sofokles und Euripides
that.

ÜBER EINIGE ÄLTERE

DEUTSCHE SINGSPIELE

DIE DEN NAHMEN ALCESTE FÜHREN.

Ein Beytrag zur Geschichte der Sprache und Litteratur der Deutschen in der zweyten Hälfte des XVIIten Jahrhunderts bis gegen das zweyte Viertel des XVIIIten.

Aufgesetzt im Jahre 1775.

Man hat der neuesten Deutschen Alceste
die Ehre angethan, sie für das erste Deutsche Singspiel dieses Nahmens zu halten.
Wäre die Meinung blofs gewesen, sie in dem
Sinne die erste zu nennen, in welchem ehemahls Brutus und Kassius die letzten
Römer hiefsen, so möchte der Dichter das
Kompliment allenfalls haben annehmen können, ohne sich einer übermäfsigen Einbildung
von der Vorzüglichkeit seiner Alceste über
ihre längst vergefsnen Vorgängerinnen schuldig zu machen. Aber da sich jene Meinung
blofs auf Unwissenheit der ehemahligen Exis-
tenz dreyer Singspiele dieses Nahmens gründet, die zwischen den Jahren 1680 und 1720
auf Deutschen Schauplätzen gegeben worden
sind: so glaubte der Verfasser etliche müfsige
Stunden nicht übel anzuwenden, wenn er sie
dazu widmete, über diese in Vergessenheit
versunknen älteren Versuche der lyrisch - dramatischen Muse in Germanien einige Nachfor-

schungen anzustellen, und die Resultate derselben den Freunden unsrer Litteratur, denen
auch die Kindheit und die allmählichen Fort-
schritte derselben nicht gleichgültig seyn können, in gegenwärtigem Aufsatze mitzutheilen.

Glücklicher Weise kam ihm zum Behuf
dieser kleinen Arbeit der Umstand zu Statten,
dafs ein Exemplar von den besagten Singspie-
len sich in der berühmten Gottschedi-
schen Sammlung Deutscher Schauspiele befand, welche I. D. die damablige Vormünde-
rin und Landesregentin von Weimar, Mutter
des jetzt regierenden Herzogs, die verwittwete
Herzogin Anna Amalia, geborne Herzogin
von Braunschweig, von den Erben jenes durch
gute und böse Gerüchte berühmten Gelehrten
an sich gebracht hatte. Es wird nehmlich
vielen noch bekannt seyn, dafs Gottsched
zwanzig bis dreyfsig Jahre lang alle Arten
von Schauspielen, die seit Erfindung der
Buchdruckerkunst in Deutschland zum Vor-
schein gekommen, geistliche und welt-
liche, tragische und komische, Hel-
den-Schäfer- und Possenspiele, Opern
die auf fürstlichen Hoftheatern aufgeführt,
und Tragikomödien von Simson und De-
lila, Daniel und der keuschen Susanna, Judith
und Holofernes, und so weiter, welche zur

Übung der lieben Jugend von irgend einem Kollegen einer Lateinischen Stadtschule in kurzweilig-erbaulichen Reimweisen abgefaſst worden, aus allen Büchersammlungen, Plun-, derkammern, Makulaturgewölben und Pfeffer-buden des heiligen Römischen Reichs Deutscher Nazion, mit unermüdetem Eifer aufgestöbert, und mit Beystand seiner unzähligen Freunde und Schüler zusammen gebracht hatte; eine Sammlung, welche (damahls wenigstens) an Vollständigkeit einzig in ihrer Art war, und einem kritischen Geschichtschreiber unsrer Sprache und Litteratur zu Bezeichnung der Stufen, auf welchen beide bis zu ihrem gegenwärtigen Zustand empor gestiegen, unentbehrlich zu seyn schien.

Diese vorberührter Maſsen nach Weimar gekommene Sammlung wartete schon seit mehrern Jahren auf den Gebrauch, welchen (wie man sagte) ein damahliger hiesiger Gelehrter von den Schätzen, die sie enthielt, zu einem Beytrag für die kritische Geschichte des Deutschen Theaters zu machen gesonnen war: als (bey Gelegenheit der Frage, ob die damahls in Weimar erschienene Alceste wirklich die erste in Deutschland sey) die drey ältern Alcesten wieder ans Licht gezogen wurden, und den folgenden Aufsatz veranlaſsten,

der bereits im Jahre 1773 im Deutschen
Merkur erschien, und den Platz, den er
hier in etwas veränderter Gestalt einnimmt,
um so mehr verdienen dürfte, da die ganze
Gottschedische Schauspiel-Sammlung, sammt
den besagten drey Alcesten, bey dem unglücklichen Schlofsbrande im Jahre 1774 ein Raub
der Flammen wurde.

———

Das erste der Deutschen Singspiele, wozu
die durch ihre heldenmüthige Aufopferung
und wunderbare Wiederbelebung berühmte
Gemahlin des alten Thessalischen Fürsten
Admet den Stoff gegeben hat, führt die
Aufschrift: Alceste, in einer *Opera*, mit
Kurfürstlich Sächsischer Verwilli-
gung auf dem neu erbauten Schauplatze zu Leipzig in der Ostermesse
des 1693. Jahres vorzustellen. — Es
ist in der Kurfürstlichen Hofbuchdruckerey
bey Immanuel Bergen gedruckt, und beträgt
siebzig Quartseiten. In einem kleinen Vorberichte sagt dem hochgeneigten Leser
sein ergebenster Diener, der Übersetzer: „Weil gegenwärtiges Drama, welches
ehemahls aus der Feder des berühmten *Aure-*

lio Aureli [1]) geflossen, auf denen Adria-
tischen Scenen ein ungemeines Lob erhalten; so sey solches auch zum ersten Mahl auf
dem neu erbauten Leipziger Schauplatz auf-
zuführen beliebt worden.‟

Das Singspiel, oder die so genannte Opera,
war zu der Zeit, da Aurelio Aureli für

---

1) Dieser *Aurel. Aurelio* oder *Aureli*, ein gebor-
ner Venezianer, lebte in der zweyten Hälfte des
vorigen Jahrhunderts am Hofe zu Parma, und machte
sich zu seiner Zeit einen Nahmen durch eine große
Anzahl musikalischer Schauspiele, welche von 1652
an nach und nach auf der Bühne und im Druck
erschienen, und, nach dieser Alcesto zu urtheilen,
in dem schlimmen Geschmack geschrieben waren, womit Marino und Loredano damahls alle Dichter und Prosaisten ihrer Nazion ansteckten, und
der von ihnen auch zu unserm Lohenstein,
Hofmannswaldau, Postell, u. a. überging,
und sich durch ihre Nachahmer über ganz Deutschland ausbreitete. Der Operndichter Aureli
muß nicht mit einem andern *Aurelio Aurelli* aus
Mantua verwechselt werden, der einer der vorzüg-
lichsten Lateinischen Dichter des sechzehnten
Jahrhunderts war, und dessen Gedichte den *Deliciis
Poetarum Italorum* einverleibt sind.

einen grofsen Operndichter galt, von der
Würde, wozu es durch Apostolo Zeno
und Pietro Metastasio erhoben worden
ist, noch unendlich weit entfernt. Es war
eine Art von Raritätenkasten, worin
alles was im Himmel, auf Erden und unter
der Erden zu sehen ist, in schönster Unord-
nung vor den Augen der Zuschauer vorbey
zog; wo alles Natürliche durch Wunderwerke
geschah; wo die Sinne immer auf Unkosten
des Menschenverstandes belustiget, und das
Wahrscheinliche, Anständige und Schickliche
eben so sorgfältig vermieden wurde, als ob
es mit dem Wesen der Opera nicht bestehen
könnte. Je unnatürlicher, je besser, war das
erste Gesetz eines Schauspiels, welches durch
den grofsen Aufwand, den es erforderte, eine
Belustigung der Fürsten wurde, und kaum
würdig war Kinder zu belustigen.

Aurelio Aureli scheint bey Entwer-
fung seines Plans nichts angelegners gehabt
zu haben, als in seinen Zuschauern auch
nicht den Schatten eines Zweifels zu erwek-
ken, als ob er die Alceste des Euripides
kenne. Das ganze Stück hat von Anfang bis
zu Ende, die Nahmen ausgenommen, nicht
den mindesten Geschmack von dem Lande und
der Zeit, woraus die Begebenheit genommen

ist. Admet, Alceste und alle übrigen Personen dieser Oper sind Leute aus einer andern
Welt, die den Leuten unsrer Welt ungefähr so
ähnlich sehen, wie die Amadis und Esplandians,
die Magellonen und Orianen der alten Ritterbücher den Helden und Heldinnen der Geschichte. Sie empfinden, reden und handeln
nach ganz andern Naturgesetzen, als wir armen Erdenbewohner. Die Dichter dieser
wundervollen Schauspiele verdienten den Nahmen der Schöpfer in einem viel höhern
Sinne, als Homer oder Sofokles. Diese bilden
ihre Personen nach den Menschen, welche
Gott geschaffen hat: jene bringen Wesen von
ihrer eigenen Erfindung hervor; Geschöpfe,
die uns zwar zu wenig ähnlich sind, um uns
interessieren zu können, aber eben dadurch
desto geschickter sind, uns in Erstaunen
zu setzen, welches die einzige Absicht der
ältern Opernmacher gewesen zu seyn scheint.

Das Einfache im Plan würde in den
Augen dieser seltsamen Schöpfer ein eben so
grofser Fehler gewesen seyn, als das Natürliche in der Ausführung. Aurelio würde
mit so wenig Personen, als Admet, Alceste,
Parthenia und Herkules, seine Adriatische
Zuhörerschaft übel unterhalten haben. Er hat
also sehr sinnreich noch einen Thrasyme-

des, Bruder des Admet, und eine Antigone, Prinzessin von Troja, nebst Meraspe, ihrem Grofsvater, beide im Hirtenhabit, eingeflochten, deren Helden- und Liebesgeschichte das Interesse des Stücks vermehren helfen mufs. Überdiefs spielen die Hofdame Eurilla, die Kavaliers, Trineus und Orindus, Lillo, der Page der Königin, und Lesbus, des Königs Liebling, theils die Vertrauten, theils die lustigen Personen, mit einer angenehmen Abwechslung, welche den Zuschauer, wenn es auch möglich wäre gerührt zu werden, keinen Augenblick in einem so beschwerlichen Gemüthszustande schmachten läfst.

Von der Poesie des Styls und von der Sprache des Originals können wir nicht bestimmt urtheilen, da wir es nur aus der vor uns liegenden Übersetzung kennen. Aber was der deutsche Übersetzer für ein Mann war, werden unsere Leser am besten aus den Proben abnehmen, die ihnen der folgende Auszug vorlegt.

Im ersten Auftritte sehen wir, im königlichen Gemach, den Admet bettlägerig. Lesbus, sein Liebling, schläft und träumt neben ihm. Der König sucht sich eine Erleich-

, terung seiner Schmerzen durch eine Arie zu
verschaffen. Lesbus im Schlaf singt mit; und
daraus entsteht eine Art von possierlichem
Duett; denn Lesbus, dem von Wiedergene-
sung des Königs träumt, singt grofse
Freude, und der König, der in Schmerzen
liegt, beklagt sich über grofse Plagen.
Endlich wacht Lesbus auf, und fragt den
König:

> Ach! sagt, ob euer Krankheitsjoch
>
> Sich unterdefs verzogen?
>
> Mich dünkt jetzund,
>
> Ihr würdet durch ein blutig Eisen
>
> Im Augenblick gesund,
>
> Darüber wollt' ich mich so froh erweisen.

Admet antwortet in einer Ariette:

> Wenn der Parzen Schere nicht
>
> Herz und Schmerz zugleich zerbricht,
>
> Kann mich wohl kein ander Eisen
>
> Zur beständ'gen Ruhe weisen.

Im zweyten Auftritte meldet der Kam-
merjunker Olindus den Herkules beym
Admet an:

Herr, der grofsmüth'ge Herkules,
Der sich der Tugend stets beflissen,
Verlangt vor seiner Reise,
Nach der bekannten Art und Weise,
Die königliche Hand zu küssen.

Admet verspricht, seinen Schmerz zu bezwingen, und Herkules wird vorgelassen. Dieser Herkules ist Held und Freund so sehr, als er es in der ältesten und jüngsten Alceste ist; aber die Art, wie er beides zu Tage legt, mufs man von ihm selbst hören.

HERKULES.

Der güt'ge Himmel gebe doch,
Dafs meinem Freund in diesem Krankheitsjoch
Von den gestirnten Höhen
Auch wieder mög' ein Freudenlicht aufgehen.

Admet erwiedert diesen wohl gemeinten Wunsch in gleichem Tone:

Alcides reise wohl!
Wenn Fama seine Thaten
In die Trompete stöfst
Und durch die Lüfte bläst,
So wird auch meiner Noth gerathen.
Jedoch, wenn geht die Reise fort?

HERKULES.

Mit Einem Wort, unfehlbar auf den Morgen.

ADMET.

Will denn Alcides sorgen,
Daſs sich sein Fuſs zu uns bemüht,
Eh' er von dannen zieht?

HERKÜLES.

Weil noch die Sonn' am Himmel steht,
Will ich nach meinen Pflichten
Dem Könige berichten,
Wohin die Reise geht.
Und seiner Majestät daneben
Das letzt' Adio geben;
Denn die Begier nach Ruhm und Ehr'
Erregt mein Herz vielmehr
Als der Iolen Blicke
Und was noch sonst von Cypripor zurücke.

Arie.

Nichts klingt schöner auf der Welt
Als der Famen Ruhmtrompete,
Wenn sie bey der Grabesstätte
Noch die Heldenthaten meldt;
Nichts klingt schöner auf der Welt.

Mit dieser Arie geht Herkules ab, um Alcesten Platz zu machen, und es erfolgt ein Dialog zwischen den beiden Eheleuten, worin Alceste, als eine wohl erzogene Prinzessin, mit ihrem Gemahl immer in der dritten Person spricht. Von der Art, wie sie ihm ihre Zärtlichkeit zu erkennen giebt, mag folgende Arie zur Probe dienen:

> Werther Bräut'gam, seine Schmerzen
> Gehn mir eben auch zu Herzen,
> Seine Pein ist meine Noth,
> Sein Betrübniſs meine Plage,
> Die ich in dem Busen trage
> Bis sie tilgt ein sanfter Tod.

Admet wendet sich in seiner Angst an eine Bildsäule des Apollo, die in seinem Schlafzimmer steht, und die Statue antwortet:

> Admetus stirbet und verdirbt
> Wie die verwelkten Amaranthen,
> Wenn nicht jemand von nächsten Anver-
> wandten
> Sein Leben durch den Tod erwirbt.

Lesbus, des Königs Liebling, hat die Ehre ein Anverwandter zu seyn; aber, da er hört,

wie gefährlich diese Ehre ist, macht er sich
sogleich auf die Füfse.   So weit geht bey
ihm die Freundschaft nicht.

Lesbus (singt er) will wohl gerne dienen,
Aber sterben mag er nicht.
Welcher sich dazu verpflicht,
Wird gewifs nicht lange grünen.   D. C.

ALCESTE.

Du darfst gar nicht erschrecken.

LESBUS.

Ja, ja, wenn's so gefährlich steht
Und bis ans Leben geht,
Mufs man sich nach der Decke strecken.
Ich bleibe nicht!

ALCESTE,

Hör' auf, du Bösewicht!
Der König schliefst die Augenlieder.

LESBUS.

Adieu, zu tausend guter Nacht!
Nehmt meinen Herrn fein wohl in Acht;
Ich komme nun so bald nicht wieder.

Alceste, die nun allein ist, entdeckt, während
der König schlummert, ihren Entschluſs in
einem an seine Augen gerichteten Liede von
drey Strofen:

Ruhet wohl, ihr schönsten Sterne!
Liebste Lichter, gute Nacht!
Wenn ihr ungefähr erwacht,
Und erblickt etwann von ferne
Was die Liebe hat verricht,
So entsetzet euch nur nicht.
Euch zu helfen, euch zu retten,
Euch zu lindern euern Schmerz,
Wählet sich mein treues Herz
Die pechschwarzen Todesketten u. s. w.

Sie geht hierauf ab, und damit die Bühne
nicht leer stehe, bleibt der Page Lillo zurück,
und unterhält die Zuschauer mit folgenden
sinnreichen Betrachtungen:

Die Königin klagt nicht vergebens,
Weil doch der Zucker ihres Lebens
So jämmerlich verdirbt,
Und in der ersten Blüthe stirbt.
Admetus lieget krank.
Drum muſs auch sie der Liebe Nektartrank

Sammt tausend süfsen Küssen
Noch immerfort vermissen.

Arie.

Himmel, was für Bitterkeit
Heget doch die süfse Liebe,
Heute helle, morgen trübe,
Ist ihr bestes Ehrenkleid. D. C.

Der Schauplatz verändert sich nunmehr,
und nach einigen Auftritten, welche die Liebes-
nöthen des Thrasymedes und der Antigone, der Eurilla und des Trineus zum
Gegenstand haben, erscheint in der dreyzehnten Scene Admet wieder frisch und ge-
sund, und empfängt die Glückwünsche seines Hofes und des Herkules, wird aber bald
durch den unversehenen Anblick der Königin,
die sich selbst neben einem Springbrunnen
im Garten erstochen hat, wieder in grofse
Traurigkeit versetzt. Eine Schrift, welche
sie zurück gelassen, entdeckt:

Dafs sie sich selbst dem Tod ergeben,
Dafs ihr Admetus möge leben.

Hierüber bricht der Unglückliche in folgende
Klage aus:

O Unglück! ach ja, ja,

Schiefst auf mich los,

Ihr schändlichen Kometen!

Ob ihr mich gleich noch nicht gedenkt zu

tödten.

Mein Unstern ist zu grofs.

Ich soll noch länger leben,

Und meiner Brust stets neue Marter geben,

Weil ich nicht folgen kann

Der Sonne meiner Seele,

Die eure finstre Todeshöhle

Aus treuer Liebe lieb gewann.

Jedoch, ihr meine Treuen,

Räumt dieses Jammerbild hinweg,

Und endet meinen Lebens-Weg.

Doch nein, es möchte mich gereuen;

Ich will, mein liebstes Herz,

Ich will noch länger leben,

Und auch dem Tode widerstreben.

Herkules bittet ihn, sein benetztes Au-
genpaar zu wischen, aber Admet läfst
ihm unverhohlen, dafs er mehr als eine blofse
Kondolenz von ihm erwarte. Habe er den
Himmel tragen, und seinen treuen Gesellen (Theseus) aus des Orkus Schwel-

len erlösen können: so sey es seiner
Faust auch nur ein kleines, Alcesten wieder zu hohlen. Ich thu' was mir der
König hat befohlen, antwortet Herkules;
und so zieht er zum Höllenschlund:
der König geht wohl getröstet ab; und die
Hofjunker, Lillo und Orindus, narrieren
inzwischen über die That der Königin, und
das Unternehmen des Herkules; sie finden
jene sehr seltsam, und setzen wenig Vertrauen
in dieses. Lillo schliefst mit einer Arie, in
welcher der Dichter einen satirischen Seiten-
blick auf die ehrlichen Bürgersfrauen in Leipzig wirft:

Wie viel Männer in der Stadt
Stellten sich wohl krank und matt,
Hätten sie nur einen Bürgen,
Dafs sich ihr verdriefslich Weib
Auch einmahl zum Zeitvertreib
Mit Alcesten möchte würgen.

Den Rest dieses ersten Akts füllen Thrasymedes und Trineus mit ihren respek-
tiven Herzensangelegenheiten aus, und der
Akt schliefst mit einem Ballet von des
Thrasymedes Kavalieren.

Die erste Scene des zweyten Aufzugs zeigt uns Alcesten in der Unterwelt; aber nicht etwann im Elysium, sondern in der Hölle, (wohin sie vermuthlich der Dichter als eine Selbstmörderin schicken zu müssen glaubte) mit Ketten an einen Steinfelsen gefesselt und von zwey Furien geplagt. Alcestens Standhaftigkeit hält gegen eine solche Belohnung ihrer Tugend nicht aus, und sie bereut ihre That in folgender Ariette:

Verdammter Stofs,

Der mir das Herz durchstochen,

Und meinen Lebensdraht zerbrochen!

Wer macht mich wieder los?

Verdammter Stofs!

Indem sie sich der Verzweiflung über die Unmöglichkeit ihrer Befreyung überläfst, erscheint Herkules mit dem dreyköpfigen Cerberus kämpfend. Alceste ruft ihn um Hülfe an. „Euch zu vergnügen, antwortet er, hab' ich das ungeheure Loch mit kühnem Muth erstiegen.“ Nun mischt sich auch Klotho in die Sache, und erklärt sich, dafs sie aus Hochachtung für einen so grofsmüthigen Bestreiter alles, was er noch weiter begehren werde, zu thun bereit sey.

Der bescheidene Herkules begnügt sich zu
verlangen, dafs sie Alcestens abgeschnittnen
Lebensfaden wieder zusammen knüpfe. Klotho verspricht es ihm, und geht ab. Herkules verjagt indessen die Furien, welche
durch die Luft abgehen, und dadurch dem
Helden und der befreyten Königin Gelegenheit zu diesem schönen Duett geben:

Von dem Tode zu dem Leben,

Von der Finsternifs zum Licht

    mich ⎫

Will   ⎬ Herkules erheben,

    dich ⎭

    mir meine ⎫

Und   ⎬ Freyheit geben,

    dir deine ⎭

Drum fürcht' sich Alceste nicht.

Indem sie davon gehen wollen, erscheint
Pluto, und erbofst sich sehr darüber, dafs
„die Geister seines Schwefelpfuhls“
sich die Seelen mit Gewalt rauben lassen.
Er ruft die Furien zurück, und befiehlt ihnen,
sich der Alceste wieder zu bemächtigen. Aber
Merkurius kündigt ihm an, der Gott,
der in der Luft mit Blitz und Donner
spielet, verlange Alcestens Befreyung. Pluto

giebt sich sogleich ohne Widerrede zur
Ruhe:

Hat's dieser so versehn,

Will ich auch seinen Willen

Den Augenblick erfüllen,

Und wieder in den Schatten ziehn!

Ich aber in dem Himmel fliehn,

antwortet Merkur; und damit schnappt die
Scene zu. Erst in der dreyzehnten finden
wir Alcesten und ihren Erretter wieder in
einem Dorfe unweit Larissa; aber Alcesten
in einem Panzerhemde, um sich unkennt-
lich zu machen, weil sie sich auf einmahl
von einer heftigen Eifersucht befallen fühlt,
und Admets Treue auf die Probe setzen
will.

Die Prüfung schlägt übel aus. Denn
wirklich hat Admet sich inzwischen mit der
Schäferin Antigone in ein Liebesbünd-
niß eingelassen, wobey an Alcesten gar nicht
mehr gedacht wird. Es findet sich auch, daß
Antigone eben dieselbe Trojanische Prinzessin
ist, um welche er ehemahls durch seinen jün-
gern Bruder Thrasymedes hatte werben
lassen. Zum Unglück hatte sich der Prinz

selbst in Antigonen verliebt, und dem Könige
seinem Bruder anstatt des Porträts der Prinzessin ein andres gebracht, welches ihm so
wenig gefiel, daſs er von seinem Vorhaben
abstand, und Alcesten heirathete.   Alles dieſs
entdeckt sich nun nach und nach, und giebt,
wie man sich vorstellen kann, zu gewaltigen
Miſsverständnissen, zu vielen groſsen und
kleinen Arien, und den schnakischen Hof-
schranzen Lesbus und Lillo zu ziemlich fros-
tigen Späſsen und Epigrammen über die armen
Leipziger Jungfern Anlaſs.

Aber die E n t w i c k l u n g übertrifft alles,
was man von Genien wie Aurelio und sein
Übersetzer erwarten konnte.   Admet und Antigone sehen ſich nun „t r o t z T h r a s y m e -
d e n s T r ü g e r e y e n“ am Ziel ihrer Wünsche,
und haben eben ein sehr zärtliches Duett an-
gestimmt, als Alceste dazu kommt.

Was (ruft sie) muſs mein Auge hier erblicken?
Soll's dieser Hirtin so gelücken?
Ja, ja; doch nein,
Sie muſs was mehr als eine Närrin seyn!

Admet und Antigone fahren fort, einander
Süſsigkeiten zu sagen:

ANTIGONE.

Mein König, mein Gemahl!

ADMET.

Du Schauplatz meiner Freuden!

BEIDE.

Nun weichet alle Qual.

Thrasymed, der diesem zärtlichen Auftritte
seitwärts zugesehen hat, ruft:

Ich kann's nicht länger leiden.

Er sterbe!

und geht mit gezücktem Degen auf den König los.   Aber die in ihrer soldatischen Ver-
kleidung noch immer unerkannte Alceste
schlägt ihm den Degen aus der Hand, und
rettet dadurch das Leben ihres Ungetreuen.
Zum Dank läfst sie Admet g r e i f e n und
vor sich führen.   Aber wie wird ihm, da er
sieht, dafs es Alceste ist!

„O Glück, (ruft er) wie hab' ich diefs v—
schuut? Alceste!

„Was, Alceste? (ruft die Prinzessin) nun brechen meine Hoffnungsäste! —

Admet fühlt sich keinen Augenblick in Verlegenheit über eine so unerwünschte Erscheinung:

> So weichet dann, Prinzessin, euerm Glücke,
> Und nehmt den Thrasymedes an!
> Mein Herz vergißt was er gethan,
> Weil ich Alcesten lebendig erblicke.

Alceste hat natürlicher Weise gar nichts bey allem diesem zu sagen. Antigone, mit ihrem Loose wohl zufrieden, verbindet sich den Thrasymed, der sie mein Kind nennt, mit einem Kusse. Trineus und Eurilla, welche, ich weiß nicht wie, Mittel gefunden haben auch ein Paar zu werden, mischen sich mit ein; nur

> Lesbus geht von diesem Schmause
> Ganz leer und ohne Braut nach Hause.

Der Großpapa Meraspe hingegen

> ist erfreut,
> Daß sich der Streit
> So glücklich hat geendet,
> Weil jedes Paar im Liebeshafen ländet.

Um diesen Auszug aus einem so seltsamen literarischen Produkt vollständiger zu machen, sey mir erlaubt, noch eine Probe von den s c h e r z h a f t e n oder vielmehr schnakischen Scenen zu geben, worin L i l l o und L e s - b u s die Zuhörer von Zeit zu Zeit wegen der Thränen, welche sie etwann in den ernsthaftern vergossen haben könnten, zu entschädigen suchen. Die folgende zwischen L i l l o und O r i n d u s kann für alle übrigen gelten.

LILLO.

Wie steht's denn, guter Freund?

Seyd ihr auch durch den Korb gefallen?

Ich hätt' es nicht gemeint,

Daſs euch das Herz so trefflich sollte wallen.

ORINDUS.

So hast du mich ertappt?

LILLO.

Du weiſst ja meine Fflicht,

Daſs alles, was mein Ohr erschnappt,

Dem Hofe wird bericht't.

ORINDUS.

Verrathe mich nur nicht!

Ich will mich dankbarlich erzeigen.

LILLO.

Du wirst dich gar zu hoch versteigen,
Weil dir die Schöne widerspricht.

ORINDUS.

Rosilde soll sich doch noch geben.

LILLO.

Gedenkst du dieses zu erleben?

ORINDUS.

Ja, ja.

LILLO.

Ich sage nein,
So wird gewiſs nicht so einfältig seyn.

ORINDUS.

1.

Jedes Weib ist solcher Art.
Durch ihr Weigern, durch ihr Wehren
Will sie unsre Gluth vermehren,
Bis sich Lieb' und Glücke paart.
Jedes Weib ist solcher Art.

2.

Denn ich weiſs schon, wie es geht;
Frauenzimmer muſs man bitten,

Weil in solchen spröden Sitten
Ihre ganze Kunst besteht.
Denn ich weiß schon, wie es geht.

Er geht ab.

LILLO.

Ach geh, du kleiner Narre,
Daß dich der große Sparre
Nicht etwann ganz und gar erdrückt.
Du bist gewiß noch viel zu ungeschickt.
Denn wer die Mädchen will bezwingen,
Muß allgemach
Die Pfennge lassen klingen;
Das Bitten ist umsonst, die Seufzer sind zu
schwach.
Wären die Dukaten nicht,
Würd' ein schönes Angesicht
Nimmermehr so theuer stehen,
Als es jetzund pflegt zu gehen;
Jedes thäte seine Pflicht,
Wären die Dukaten nicht.

Orindus hat in dieser Scene noch Muth,
wie wir sehen. Aber bald darauf bringt ihn
der unglückliche Fortgang seiner Versuche
zu dem grausamen Entschluß, „der weib-

lichen Gestalt" auf ewig zu entsagen.
Er singt :

Gute Nacht, ihr schönen Kinder,
Meine Freyheit ist gesünder
Als der Strick.
Denn durch einen blofsen Blick
Macht ihr euch zum Überwinder:
Gute Nacht, ihr schönen Kinder!

Sed ohe jam satis est! werden mir die Leser zurufen, und sich vielleicht wundern, wie es möglich gewesen sey, dafs eine Alceste wie diese vor dem Kurfürsten Johann Georg IV. und seinem Hofe (denn vor diesem wurde sie im Jahre 1693 aufgeführt) Gnade habe finden können. Aber im Jahre 1693 hatte man noch ein ganz anderes Mafs für das Schöne in der Dichtkunst als jetzt. Herr Paul Thiemich, der Schule zu St. Thomas in Leipzig Kollege, welchen uns Stolle [2]) als den Verfasser dieser Alceste nennt, war ein grofser Dichterschwan zu seiner Zeit. „Er scheint (so spricht ein gleichzeitiger gelehrter Kunstrichter) zu Opern recht geboren zu seyn. Wir können die glückliche Leich-

[2]) Anleitung zur Historie der Gelahrtheit, S. 192.

tigkeit und Anmuth seines Ausdrucks
nicht genug bewundern. Seine Arien und
seine Köre sind zum — Küssen. Man kann
nichts lieblichers hören," und so weiter. 3)
Er beruft sich hierüber auf die Offenkündig-
keit der Sache, und auf den lauten Beyfall,
der den Opern dieses ungemeinen Dichters sowohl auf dem Hoftheater des Herzogs Johann
Adolf von Weifsenfels, als auf dem
neuen Schauplatze zu Leipzig so oft und von
einer so grofsen Menge entzückter Zuschauer
zugeklatscht worden. Indessen verbirgt uns
eben dieser Kunstrichter nicht, dafs kein kleiner Theil dieses Beyfalls auf die Rechnung
der bewundernswürdig schönen Stimme und
Akzion der Madame Thiemich, der Ehegat-
tin des Dichters, und der vortrefflichen Kom-
position des damahligen Kursächsischen Kapell-
meisters Strunck — von welchem diese Alceste in Musik gesetzt worden — zu schrei-

---

3) S. Neumeisters historisch-kriti-
sche Dissertazion de Poetis Germanicis hujus
Seculi praecipuis MDCXCV. Miramur certe Thimichianae dictionis facilitatem; suavita-
tem, qua Ariae (quas ajunt) qua Chori interpositi
pollent, exosculamur, etc. pag. 109.

ben sey. 4) Auch trug sonder Zweifel die
Kunst des kurfürstlichen Hof - Baumeisters,
Signor Sartorio, von welchem die Dekorazionen und Maschinen zu dieser Alceste
herrührten, nicht wenig zu jener grofsen Wirkung bey. Wenn wir diefs alles zusammen
nehmen, so werden wir nicht unbegreiflich
finden, dafs Madame Thiemich, als Alceste, mit ihrem — „Werther Bräut'gam,
seine Schmerzen gehn mir eben
auch zu Herzen," im Jahre 1693 zu Weis-
senfels vielleicht eben so viel Thränen aus
den Augen gelockt habe, als die von Madame Koch mit ausgezeichnetem Beyfall
vorgestellte Alceste im Jahre 1773 zu Weimar gethan hat.

Was uns übrigens das Beste an der Sache
zu seyn, und dem Genius der damahligen
Zeit in Leipzig Ehre zu machen scheint, ist
diefs, dafs ein Schulkollege von St.
Thomas Opern machen, und seine Frau
Ehekonsortin die Hauptrolle darin auf öffent-

---

4) *Attonito similes, si quando illorum Musurgeta-*
rum, Strunckii puto et Kriegeri, numeri accedunt mu-
sici, voxque et actio conjugis Thimichianae mirifice
suavis et apta mirifice. **Ibid.**

licher Schaubühne spielen durfte, ohne daſs
(wie es scheint) jemand etwas dawider einzuwenden hatte. In diesem Stücke haben
sich die Zeiten mächtig verändert. Wehe
dem Schulkollegen und der Schulkollegin, die
sich in unsern Tagen so etwas zu Sinne kommen lassen wollten! Im vorigen Jahrhundert
dachte man freylich noch natürlicher über
diese und tausend andre Dinge. Finden wir
nicht unter den alten Hamburgischen Opern-
dichtern sogar einen Pfarrherrn, (Heinrich Elmenhorst) der sich nicht begnügte,
in eigner Person Opern zu machen; sondern
sogar den Muth hatte, diese musikalischen
Schauspiele in einer besondern apologetischen
Schrift, *Dramatologia* genannt, da er bereits
im Predigtamte stand, ritterlich zu vertheidigen? 5)

Ich würde vermuthen, daſs eben dieser
Ehrwürdige Herr Heinrich Elmenhorst,
Pastor zu St. Katharina in Hamburg,
derjenige sey, dem die zweyte Alceste,

---

5) Neumeister *l. c. pag.* 29. *Legi meretur El-
menhorsti Dramatologia, qua Dramata hodierna
musica, quas Operas vocare amant, in ministerio ecclo-
siastico iam tum constitutus, strenue defendit.*

von welcher ich meinen Lesern Nachricht
schuldig bin, ihr Daseyn zu danken habe;
wenn Matheson in seinem musilali-
schen Patrioten solche nicht einem gewissen Herrn Matsen zuschriebe, der übrigens ein unberühmter Erdensohn gewesen
seyn muſs, weil er sogar in dem Neumeis-
terischen Dichterverzeichnisse keine Stelle
gefunden hat. Laut Berichts des vorbenann-
ten musikalischen Patrioten wurde diese nach
der Alceste des Quinault gemodelte Deutsche Alceste im Jahre 1680 zu Hamburg aufgeführt, und war unter den seit 1678 bis
1738 daselbst öffentlich gegebenen Deutschen
Opern und Operetten (deren Zahl über zwey
hundert steigt) die dreyzehnte.

Das Exemplar, das ich vor mir habe, führt
folgenden Titel: Alceste, aus dem Französischen ins Teutsche übersetzt,
und in die Musik gebracht von Joh.
Wolfgang Franken, C. M. dritter
Druch (ohne Benennung des Orts und der
Zeit.) In dem ziemlich weitläufigen Vorberichte glaubt der Dichter, es werde nicht un-
dienlich seyn, „wegen der heidnischen
Götter, die in seiner Oper hin und wieder
vorkämen, ein und anders zu erinnern; indem
etliche der Meinung seyen, daſs man vermöge

Exod. XXIII, 13. der heidnischen Götter nicht
einmahl ge d e n k e n, viel weniger dieselbigen
auf einem öffentlichen Schauplatze a u f f ü h-
r e n sollte." Er setzt aber dieser strengen
Meinung unterschiedliche triftige Gründe entgegen; und zwar, 1) dafs nach aller verstän-
digen Theologen Auslegung die besagte Schrift-
stelle blofs von einem g o t t e s d i e n s t l i c h e n
Gedanken rede, allermafsen ansonsten die
heilige Schrift mit sich selbst uneins seyn
müfste, als welche an unzähligen Orten der
heidnischen Götter Meldung thue. 2) Sey
die Wissenschaft von den heidnischen Göttern nicht allein zu vielen Dingen nütze, sondern auch einem Gelahrten hoch nöthig, zumahl einem *Theologo*, als welches er (der
Vorredner) mit Zeugnissen und Beyspielen
stattlich erweiset. Ferner und 3) könne ja
von den heidnischen *Autoribus* kein einziger
ohne rechte Kenntnifs der falschen Götter
verstanden werden; und wiewohlen freylich
unterschiedliche schon getrachtet hätten, diese
Heiden aus den christlichen Schulen auszu-
stofsen, so hätten sie dennoch nichts ausge-
richtet, weil verständige Leute gesehen, dafs
alsdann die alte *Barbaries in rempublicam
literariam* wieder einschleichen würde. Hie-
zu komme noch, 4) dafs bishero fast von keinem rechtschaffenen *Theologo* die Schilde-

reyen der heidnischen Götter (wann nur dieselben in keiner ungebührlichen und ärgerli-
chen Gestalt 6) vorgestellt würden) *in totum*
improbiert worden, weil ansonsten aus den
meisten Bibeln und kleinen Kinderlehren die
Abbildung des güldnen Kalbes und des abgöt-
tischen Tanzes der Kinder Israel um dasselbe
her, und aus der Katharinenkirche in
Hamburg die Schilderey des grofsen güldnen Bildes, welches der König Nebukad-
nezar (*Nabuchodonosor*) setzen lassen, nothwendig müfste verbannt werden; ja überdem
man auch *s. v.* den Satan selbst in die
Kirche mahle." Nun (fährt der wohl-
meinende Vorredner fort) folge ganz natürlich, dafs, wenn man Bücher von heidnischen
Göttern lesen, und ihre Bildnisse, ja sogar
den leidigen Satanas an heiliger Stätte auf-
stellen dürfe, es auch erlaubt seyn müsse, sel-

---

6) Zum Beyspiel, nicht gewandlos. Man
weifs, wie übel gewisse Zeloten, nach Konstantins
des Grofsen Zeiten, den unbekleideten Statuen mit-
spielten. Die meisten wurden zertrümmert, oder
auf eine lächerliche Art umgeschaffen; und ein elender Bildhauer, der eine Venus von Alkamenes be-
kleidete, glaubte ein gutes Werk gethan zu
haben.

bige in einer dramatischen Vorstellung aufs
Theater zu bringen; ,,sintemahlen ein solches
ja nicht geschehe, daſs man sie verehren wolle,
sondern die *Evolutionem fabulae* oder vielmehr die ehemahlige Blindheit der Welt daraus zu erkennen,'' und so weiter. — ,,Wollte
man übrigens einwenden: ob auch wohl
eine Person, die einen solchen Abgott — zum Exempel einen Apollo, eine
Venus, eine Diana und so weiter — vor-
stelle, in einem christgebührlichen
Stande sey? — so könne man *per instan-
tiam* antworten: ob auch ein Präceptor, der
in Schulen den atheistischen *Lucianum* oder die
heidnischen Poeten, *Horatium, Virgilium,* erkläre, oder ein Mahler, der den Teufel in die
Kirche oder anderswo hinmahle, in einem solchen Stande sich befinde? Welches denn
wohl kein Vernünftiger werde läugnen wollen. Und da man noch zum Überfluſs in dieser neuen Ausgabe, wegen der Schwachen und Unverständigen, unterschiedliche Redensarten geändert; so werde nichts
mehr nöthig seyn, als daſs man die gemeine
Protestation der Verfertiger der Italiänischen
Opern hierher setze, nehmlich: ,,Man schreibe
als ein Poet, und glaube wie ein Christ.''
Diesem noch mit anfügend: ,,Man stelle eine
Sache für mit ihren Farben, nicht jemand zu

verführen, sondern für den Fall zu verwah-
ren" und so ferner. Aus welchem allen
denn erhellet, dafs unser Dichter wenigstens
seine Orthodoxie gegen die Belialssöhne seiner Zeit in Sicherheit zu bringen gewufst
habe.

Das Stück selbst ist eine freye Übersetzung der Alceste des Quinault, und wir
finden also darin, aufser den Hauptpersonen,
und einem Lykomedes, der Alceste Liebhaber, einer Cefise, derselben Staatsjungfer,
dem alten Feres, dem Kleanth, einem
Thessalischen Obersten, und zwey Bedienten,
welche sich ziemlich unnütz machen, noch
den Apollo, die Diana, die Thetis, die Pro-
serpina, den Pluto, den Äolus, den Merkur, die Alekto und den Charon in Maschinen. Alle diese Personen führt schon Quin-
nault auf; aber unser sinnreicher Landsmann,
zu stolz um ein blofser Übersetzer zu seyn, hat
ihnen noch eine Person von seiner eignen Schöpfung zugegeben, einen gewissen Rochas,
der die Stelle des Hanswursts vertritt,
dessen man damahls noch auf keiner Deutschen
Bühne entbehren konnte.

Alceste mit Hanswurst — ein ba-
rockischer Einfall, wobey wirklich dem Poe-

ten selbst das Herz ein wenig geschlagen zu
haben scheint! Allein er rechtfertigt sich in
seiner Vorrede damit: „dafs dieser R o c h a s
nicht für m o r o s e und s t o i s c h e Köpfe, sondern für Leute, welche einen zulässigen
Scherz lieben, hinzu gefüget worden," und
beweiset die Zulässigkeit der Sache mit einer
Stelle d e s g e l a h r t e n D. M a r h o f s, welche unglücklicher Weise für seinen Rochas
nichts beweist.

Wie der Übersetzer dem armen Q u i n a u l t
mitgespielt habe, könnte sich der Leser vielleicht ohne nähern Beweis einbilden: aber
wir sind ihm wenigstens ein paar Arien zur
Probe schuldig.

Im vierten Auftritte des ersten A k t s läfst
sich die Staatsjungfer Cefise mit J u n-
ker Strato, des Königs Lykomedes Vertrauten, in „eine galante Konversa-
zion" ein. Cefise fragt ihn: Warum er an
einem so schönen Tage ein so finstres Gesicht
mache? Strato antwortet kurz und verdriefslich: Weil er unter die Zahl der mifsvergnügten Liebhaber gehöre. Die Französische Cefise versetzt hierauf:

Un ton grondeur et sevère

N'est pas un grand agrément;

Le chagrin n'avance guère

Les affaires d'un Amant.

Diefs giebt der Deutsche Übersetzer wie folget:

Brummen, Grunzen und Betrüben

  Bringet wahrlich schlechte Freud'!

Und befördert nicht im Lieben

  Der Verliebten Nutzbarkeit.

Cefise sagt dem Strato geradezu, dafs sie ihn nicht mehr liebe. Aber wie viel anders klingt diefs in Quinaults Sprache, — welche freylich nicht die Sprache der Götter, aber doch die Sprache der feinen Welt in Ludwigs des Vierzehnten fröhlichern Jahren ist — als in dem plumpen Deutsch der Hamburgischen Staatsjungfern vom Jahre 1680!

CEFISE.

Si je change d'amant,

Qu'y trouves-tu d'estrange?

Est-ce un sujet d'etonnement

De voir une fille qui change?

STRATON.

Apres deux ans passés dans un si doux lien
Devois-tu jamais prendre une chaine nouvelle?

CEFISE.

Ne contes-tu pour rien
D'estre deux an fidele?

Der Ton dieser Cefise ist der leichte scher-
zende Ton eines jungen muthwilligen Mädchens. Wie platt und schwerfällig ist hingegen der Ton der Staatsjungfer:

Unbeständigkeit im Lieben
  Wird den Mädchens nachgesagt;
Aber wer ist treu geblieben,
  Wenn man bey den Männern fragt?
Sind wir von der Treu' entfernet,
Haben wir's von euch gelernet.

STRATO.

Ich habe dich ins zweyte Jahr gekannt,
  So lange hat die Lieb' uns schon verbunden.
Wie ist denn nun dies angenehme Band
  So lüderlich verschwunden?

CEFISE.

Bedenkst du dann diefs nur so obenhin.
Dafs ich so lang' getreu gewesen bin?

Vermuthlich sind unsre Leser nicht sehr
begierig, noch mehr Probestücke von dem
Geschmack und der Poesie des Styls dieses
Operndichters zu sehen. Aber ein kleines
Beyspiel von den *Faceties* und *saillies de
gayéte* des kurzweiligen Rochas können wir
ihnen nicht erlassen. Man höre also das
Brautlied, welches er Admeten und Alcesten
singt:

Es ist das beste Thun der Welt
Das zuckersüfse Freyen.
Wer Hochzeit macht und Kindtauf' hält,
Dem wird es nicht gereuen.
Es schmeckt als lauter Marcipan,
Wenn man selbander schlafen kann.

Es ist so süfs als Mahdelmus
Und Nürenberger Kuchen,
Wenn man nicht mehr um einen Kufs
Viel Stunden darf ersuchen,
Ich halt', es thut doch trefflich sacht,
Wenn man sich so gemeine macht.

Und will man letzlich denn dazu
Die Braut ins Bette bringen —

LICHAS.

Pfui, Rochas, still! was denkest du?
Mit solchen lahmen Dingen!

ROCHAS.

Ha, ha! Ein jeder weiſs doch wohl,
Daſs dieſs zuletzt geschehen soll.

„Welch eine Zeit war das, (werden manche unsrer Zeitgenossen denken) wo wan, in
Städten, wie Hamburg und Leipzig, auf
der Schaubühne singen hörte, was man zu
unsrer Zeit höchstens noch in einigen kleinen Reichsstädten Nachts von trunknen Hand-
werksburschen auf den Gassen plärren hört!
— Und, was das schlimmste ist, damahls
hatte Frankreich bereits einen Korneille,
einen Racine, einen Moliere, einen La
Fontaine, einen Boileau!“ — Gut! hatte
sie, und hat sie gehabt! — Hat gehabt,
was wir noch zu hoffen haben. Was für
armselige Sänger hatten die Franzosen, zu
einer Zeit, da die Italiäner auf ihren Pe-
trarka, ihren Ariost, ihren Tasso, ihren
Guarini stolz waren! Zufällige Um-

stände und gutes Glück haben entschieden, welche von den barbarischen Nazionen
des neuern Europa zuerst den wohlthätigen
Einfluſs der Musen und Grazien empfinden
sollten. Keine hat Ursache, den frühern Ge-
nuſs dieses Glückes sich für ein Verdienst
anzurechnen; und vielleicht ist diejenige am
glücklichsten, die es unter allen am letzten
erhält.

Wenn man übrigens von diesen beiden
Alcesten auf die Poesie der andern Opern der
damahligen Zeit schlieſsen darf: so kann man
sich nicht erwehren, die zum Theil vortrefflichen Süjets zu bedauern, die unter den Händen dieser Elmenhorste, Richter, Matsen, Hinsche, Schröder, Fiedeler,
Bressande, und wie die Herren weiter
hieſsen, zu den kläglichsten Karikaturen ver-
unstaltet wurden. Ich finde darunter (Adam
und Eva, eine geistliche Oper, womit
die Unternehmer im Jahre 1668 ihren Schauplatz eröffneten, nicht mitgerechnet) Theseus; Semiramis, Alexander in Sidon,
(das nehmliche Süjet, woraus Metastasio seinen *Rè Pastore* gemacht) Xerxes, Numa
und so weiter, und eine Menge der schönsten
mythologischen Süjets, Ariadne, Semele,
Acis und Galathee, Echo und Narciſs,

Pygmalion, Medea, Adonis, Endymion, Psyche und so weiter. Von welchen verschiedene den einst berühmten, jetzt ganz unbekannten Lic. Heinrich Postel zum Verfasser haben.

Vermuthlich sind meine Leser müde, von alten mislungenen Alcesten reden zu hören; ich bin es wenigstens, davon zu schreiben. Aber gleichwohl, um meine Nachricht etwas vollständiger zu machen, kann ich sie nicht eher entlassen, bis ich auch noch ein paar Worte von der dritten Alceste gesagt habe, welche den berühmten Johann Ulrich König zum Verfasser hat, und im Jahre 1719 auf dem grossen Braunschweigischen Theater aufgeführt wurde.

König sagt uns in seinem Vorberichte, dafs sein Werk eines Theils eine Übersetzung der Französischen Alceste sey: aber in der That hat er durchaus so viel an dieser verändert davon und dazu gethan, dafs er seine Alceste mit gutem Fug für seine eigne Schöpfung hätte ausgeben können. Was am meisten an ihm gelobt zu werden verdient, ist, dafs er die Würde des Süjets besser in Acht genommen, und die komischen Scenen weggelassen hat, welche im Quinault das wenige Interesse, das die ernsthaften allenfalls erregen könnten, fast gänzlich zernichten.. Hingegen hat er, durch Vermehrung der Intriguen und Maschinerien, oder (wie er selbst sich ausdrückt) durch Vereinigung des Italiänischen und Französischen Geschmacks, (worauf er sich nicht wenig zu gute tbut) den Vorzug erhalten, dafs sein Stück ohne alle Vergleichung abenteuerlicher, unnatürlicher und ungereimter wurde, und also (weil eine Oper damahls eben dadurch sich empfehlen mufste) auch desto besser gefiel, je abgeschmackter sie war. Zur Probe schreibe ich nur das Register der Maschinen und Flugwerke ab. „Eine Brücke, worüber man zu Schiffe geht, welche einfällt. Thetis in ihrem Wagen mit Seepferden, nebst den Nordwinden, welche einen Seesturm erregen. Äolus in der Luft, mit den Westwinden. Des Lykomedes Residenz, so bestürmt und eingenommen wird. Pallas in ihrer Maschine von Trofäen. Diana in einer feurigen Kugel, welche sich theilt und einen halben Mond vorstellt. Merkurius fliegend. Des Charons Kahn, worin er die Seelen überfährt. Des Pluto und der Proserpinen Thron. Der Höllenhund Cerberus, so Feuer speyt. Des Pluto Wagen, worauf Herkules und Alceste wegfahren." — Man nehme

zu allen diesen schönen Raritäten noch die
mit eingeflochtnen T ä n z e der v e r k l e i d e -
t e n 7) G r a z i e n und L i e b e s g ö t t e r,
N a j a d e n und T r i t o n e n, der W e s t -
w i n d e, welche die N o r d w i n d e vertreiben, der K ü n s t e, welche den Tempel der
Ehre bauen, und des P l u t o n i s c h e n H o f -
s t a a t s, der über Alcestens Ankunft seine
Freude bezeigt —, und dann gestehe man,
daſs die St. E v r e m o n d, die R e m o n d v o n
St. M a r d und andre ihres gleichen nicht so
gar Unrecht hatten, solche Singspiele (und
von andern hatte man zu ihrer Zeit keinen
Begriff) unsinnig zu finden!

Daſs die Poesie, die Sprache, die Recitative und die Arien schon um vieles besser
seyn müssen als in den vorigen, kann man
dem Verfasser des Gedichtes, A u g u s t im
L a g e r, voraus zutrauen; und in der That
ist der Fortschritt, welchen unsre Sprachen
und Dichterey binnen den sechs und zwanzig

---

7) Dieſs soll eigentlich so viel sagen, als b e -
k l e i d e t e n. König besorgte vermuthlich, man
möchte glauben, daſs er die Grazien und Najaden
in naturalibus aufführen werde, wenn er nicht aus-
drücklich das Gegentheil versichre.

Jahren, die von Thiemens Alceste bis zu
der König'schen verflossen waren, gemacht hatte, ein wahrer Riesenschritt. Im
Recitativ trägt König (einem Gesetze zu
Folge, welches damahls niemand abzuschütteln
wagen durfte) noch die Fesseln des Reimes,
welche seinen Gang meistens ziemlich unge-
mächlich, schleppend und schwerfällig machen:
aber seine Arien sind gröſten Theils ohne
Vergleichung schöner und singbarer, als
in den ältern Alcesten. — Hier einige Proben, welche, wie mich däucht, dieſs Urtheil
rechtfertigen.

Herkules — der in Quinaults und
Königs Alceste zugleich der Freund und
der heimliche Nebenbuhler Admets ist,
aber seine Liebe wie ein Held bestreitet und
zuletzt besiegt — scheidet von Admet und
Alcesten, nachdem er sie aus Lykomedens
Gewalt befreyt hat, mit dieser Arie, deren
Anfang sich auf Admets dringendes Bitten,
länger zu bleiben, bezieht:

Der Himmel weiſs (und meine Liebe)
Wie gern ich länger bey euch bliebe;
  Doch die Vernunft spricht, Nein!
Laſst ab noch mehr in mich zu dringen;

Mich hierin selber zu bezwingen,

    Das muß mein größter Sieg für diesmahl

       seyn. V. A.

Hierin und für diesmahl sind sehr ent-
behrliche Bestimmungswörter; welche die
Sprache und den Vers schleppend machen.
Mit einer kleinen Veränderung wäre der
Schluß dieser Arie runder und zugleich sing-
barer geworden:

    Mich selber zu bezwingen

    Soll meiner Siege größter seyn.

Erst, nachdem Alceste nicht mehr ist, entdeckt Herkules seinem Freunde, daß auch
er Alcesten geliebt habe, und noch liebe,
und daß er, wenn Admet ihm sein Recht auf
sie (die er nun ohnehin auf ewig verloren
habe) abtrete,

    Bis in das finstre Land

    Der nie bestürmten Hölle dringen,

    Den Pluto selbst zur Wiedergabe zwingen,

    Und aus dem Grab Alcesten wiederbringen

wolle. Diese Erklärung bestätigt er mit einer
Arie, die alles enthält, was ein Tonkünstler
verlangen kann:

Mich spornet der Eifer, mich waffnet die
        Liebe,
So stürm' ich die Hölle, so trotz' ich dem Tod.
Laſs den Abgrund Flammen speyen!
Das Geliebte zu befreyen
    Verachtet mein Herze die grausamste Noth.

                  V. A.

Noch eine Arie des Herkules, da er im Begriff ist, dem Höllengott Alcesten zu ent-
führen —

Ein groſses Herz kann alles in der Liebe,
    Verlacht den Zwang, und trotzt der Noth:
Denn Amor thut durch seine Stärke
In edlen Seelen Wunderwerke,
    Und zwingt zuletzt auch selbst den Tod.

Auch die folgende Arie, worin Alceste sich
entschlieſst für Admet zu sterben, ist in ihrer
Art vorzüglich:

Da mein Leitstern muſs entweichen,
    Schlieſst sich auch mein Auge zu.
Da das schönste Licht verschwindet,
Dessen Glanz mein Herz entzündet,
    Eilet auch mein Geist zur Ruh.

Noch singbarer und affektvoller ist die folgende, womit Cefise sie 10n ihrem Entschlufs
abhalten will:

Ach! lösche doch nicht selbst die holden Ker-
zen!

Ach! trenne doch nicht selbst das süfse Band,
Das seine Seele deinem Herzen
Und deine Hand verknüpft mit seiner Hand.
Ach! trenne doch nicht selbst das süfse Band.

Und die ganze Scene, wo Alcestens Schatten
in Elysium eingeführt wird, welchen Reich-
thum von schönen Gemählden, empfindsamen
Modulazionen und entzückenden Melodien
bietet sie einem grofsen Komponisten dar! —
Der Schauplatz stellt den Palast des Höllen-
gottes vor; in der Ferne sieht man einen
Theil der elysäischen Felder. Pluto und Pro-
serpine, von einem Kor von Geistern umgeben, empfangen Alcestens Schatten:

PLUTO.

Empfange nun den Preis der allerhöchsten
Treue
In ewig stiller Ruh
Dein neuer Stand läfst nichts als Freude zu;

Hinfort sey dir kein Schmerz bekannt,
Damit dein edler Geist unendlich sich erfreue.

Der KOR.

Empfange nun den Lohn der allerreinsten
Treue!

PROSERP.

Es soll allhier diefs stille Leben
Dir ewig süfse Ruh und steten Frieden geben.

Der Kor wiederhohlt diese Worte.

PROSERP.

Du sollst hinfort mir stets zur Seite schweben.

PLUTO.

Der Höllenreich mach' alle seine Lust
Dir, alleredelster und schönster Geist, bewufst.

Der KOR.

Einsame Stille! seliger Ort!
Welchen ohn' Unterschied endlich die Seelen
Willig oder gezwungen erwählen!
Selige Stille! ruhiger Ort!

Du bist nach Sorgen, nach Kummer, nach
Qualen,
Aller Verfolgten der sicherste Port.

Freylich müssen uns die Ausfüllungswörter,
die so leicht hätten vermieden werden können, anstöfsig seyn. Und warum anstatt des
Höllenreichs, welches für uns mit so wi-
drigen Eindrücken vergesellschaftet ist, nicht
lieber Schattenreich? — Wie kann man
sagen: gezwungen erwählen? — Und wie
kommt dieser ungleichartige Begriff in Vorstellungen, welche nichts als Ruhe, Frieden
und Seligkeit athmen sollen? — Aber so
genau nahmen es freylich die besten Dichter
des ersen Drittheils unsers Jahrhunderts noch
nicht. Einheit des Tons, Reinigkeit des Ausdrucks, Rundung und Glätte des Styls, waren
Grade von Vollkommenheit, die man von der
Zeit, worin König seine Alceste schrieb,
noch nicht verlangen kann. In der unsrigen
kann man es mit besserm Rechte; aber noch
immer lassen sich die meisten Leser mit we-
nigern abfinden. Und wie wenig sind der
Dichter, welche mehr von sich selbst fordern
als die Leser, und die nicht zu ungeduldig
oder zu träge sind, die Feile so lange zu ge-
brauchen, bis alles *teres atque rotundum* ist!

NACHTRAG

ZUR GESCHICHTE

DER

SCHÖNEN ROSEMUNDE.

———

Nach dem Ausspruch des berühmten David
Hume *(History of England, Vol. 11.*
chap. IX.) ist das zuverlässigste, was die alten Geschichtschreiber von der schönen Rosemunde berichten: „dafs sie eine Tochter des
Lord Klifford und König Heinrichs des
Zweyten Beyschläferin gewesen, und ihm
zwey natürliche Söhne geboren habe, den
Richard, *Longespée* oder *Longsword* zuge-
nannt, der in der Folge mit Ela, der einzigen Tochter und Erbin des Grafen von Sa-
lisbury, vermählt wurde, und Gottfried,
ersten Bischof von Linkoln und nachmah-
ligen Erzbischof von York." Alle übrigen
Umstände, sagt Hume, welche gewöhnlich
von dieser Dame erzählt werden, scheinen
fabelhaft zu seyn. In der That hat man
hinlängliche Ursache anzunehmen, dafs das
Vorgeben, sie sey als ein Schlachtopfer der
Eifersucht der Königin Eleanor in der Blü-

the ihres Lebens gefallen, und die besondern
Umstände ihres Todes, wie sie in einem bekannten alten Englischen Volksliede erzählt
werden, keine bessere Würdigung verdienen.
Die gleichzeitigen Kronikenschreiber sagen
nichts von einer gewaltsamen Todesart;
und wenn gleich einige, als *Stow*, *Hol-
lingshed* und *Speed*, darin übereinstim-
men, daſs sie ihren Tod für eine Folge der
harten Begegnung, welche Rosemunde
von der Königin erlitten, ausgeben, so sind
sie doch in ihren Ausdrücken darüber so ver-
schieden, daſs man (wie der Herausgeber der
Relicks of Anc. Engl. Poetry bemerkt) eben
so wohl vermuthen kann, daſs diese harte
Begegnung in wörtlichen Beleidigungen und
Drohungen als in wirklichen Thätlichkeiten
bestanden haben könne. Im Mund einer so
stolzen Königin, wie Eleanor-von Guyenne war, kann ein Wort so gut als ein Dolch
seyn: und wiewohl ihre Geschichte einen Karakter zeigt, dem man, wo es auf Befriedi-
gung ihrer Leidenschaften ankam, alles zutrauen darf, und wiewohl sie in einem Zeitalter lebte, wo sich seine Feinde durch Gift
und Dolch vom Halse zu schaffen, eben nichts
ungewöhnliches war; so ist doch nicht zu
glauben, daſs sie, ohne einen Nothfall, der
hier nicht wohl denkbar ist, sich einer

Gewaltthat schuldig gemacht haben sollte,
wodurch sie einen Fürsten von so stürmischen Leidenschaften wie Heinrich der Zweyte,
dem sie ohnehin verhaſst genug war, zur
äuſsersten Wuth und Rache getrieben haben
würde.

Der Umstand, daſs man auf Rosemundens
Grabstein in dem Frauenkloster zu Godstow,
bey Sekularisierung des letztern, die Figur
eines Pokals eingehauen fand, scheint mir
nichts gegen diese Meinung zu beweisen:
denn, aller Wahrscheinlichkeit nach, wurde
dieser Grabstein erst lange nach Rosemundens
Tode, und also zu einer Zeit, da die Sage
von ihrer Vergiftung schon Wurzeln gefaſst
hatte, gelegt. Folgende Umstände scheinen
mir diese Vermuthung sehr glaubwürdig zu
machen.

„Als Rosemunde gestorben war, wurde ihr
Leichnam nach dem Kloster Godstow gebracht und daselbst mitten im Kor begraben;
vermuthlich ihrem letzten Willen zu Folge,
und aus Vorliebe zu diesem Kloster, worin
sie erzogen worden war. Lord Klifford,
ihr Vater, war ein groſser Wohlthäter desselben gewesen, und auch König Heinrich
hatte den Nonnen zu Godstow um Rosemun-

dens willen viel Gutes gethan. Im Jahre
1191, welches das dritte der Regierung König Richards des Ersten *(Coeur de Lion)*
war, kam Hugo, Bischof von Linkoln, in
die Kirche zu Godstow, um sein Gebet zu
verrichten; und wie er in den Kor trat, erblickte er ein Grab, das mit einem seidenen
Leichentuch bedeckt und ringsum mit Wachs-
lichtern besetzt war. Er fragt, wessen Grab
das sey? und man antwortet ihm, Rosemundens, einer ehmahligen Beyschläferin des
letzt verstorbenen Königs, der um ihrentwillen dem Kloster viel Gutes gethan habe. Wenn
das ist, versetzte der strenge Prälat, so schafft
diese H**e weg von diesem Platze, und be-
grabt sie aufserhalb der Kirche, damit die
christliche Religion nicht um ihrentwillen Vorwürfe leiden müsse, und auf dafs andere
Weibsbilder sich an ihrem Beyspiele spiegeln
und vor unerlaubtem Umgang mit Mannsleuten
sich hüten lernen!" —

Diese Erzählung hat den Hoveden, einen
ansehnlichen gleichzeitigen Geschichtschreiber, zum Gewährsmann, und scheint daher
Glauben zu verdienen; wiewohl es sonderbar
genug ist, dafs Hugo von Linkoln nicht gewufst haben sollte, dafs sein Vorgänger auf
diesem bischöflichen Sitze und damahliger Erz-

bischof von York ein leiblicher Sohn dieser
Rosemunde ſwar; und, wenn ers gewuſst,
daſs er den Gebeinen der Mutter eines Prima-
ten von England und Sohnes ſeines vor kurzem
verstorbenen Königs so unanständig hätte be-
gegnen sollen. Nicht zu gedenken, daſs er
bey dieser Gelegenheit sich billig der heiligen
Maria Magdalena und der heiligen Maria der Ägypterin hätte erinnern sollen,
welche beide der schönen Rosemunde über
den Punkt, der dem Bischof so ärgerlich war,
wenig vorzuwerfen hatten.

Ob nun gleich zu vermuthen ist, daſs der
Befehl des Bischofs sogleich vollzogen werden
muſste, so fanden doch die gutherzigen und
dankbaren Schwestern zu Godstow in der
Folge Gelegenheit, dem Andenken der liebenswürdigen Wohlthäterin ihres Hauses wieder
die gebührende Ehre zu erweisen. Vermuthlich geschah diefs, als König Johann, (ein
Fürst, der sonst bekannter Maſsen geneigter
war die Kirchen zu plündern als zu beschenken) nach dem Zeugnisse des D. Barcham,
eines andern Geschichtschreibers dieser Zeit,
das in Verfall gerathene Kloster reparieren
liefs, und mit jährlichen Einkünften begabte;
„damit diese heiligen Jungfrauen den Seelen
seines Vaters Heinrich und der bey ihnen

begrabenen Rosemunde durch ihr Gebet die
ewige Ruhe verschaffen möchten. " Wahrscheinlich war es bey dieser Gelegenheit, daſs
Rosemundens Grab den Grabstein erhielt, der
sich im sechzehnten Jahrhundert bey Aufhe-
bung des Klosters noch vorfand und mit demselben zerstört wurde. „Er war ringsum mit
einer Einfassung von Rosen und Laubwerk
geziert, und in der Mitte war der Becher
eingehauen, aus welchem sie das von der Königin ihr gereichte Gift trank," sagt Thomas Allen, der wie ein Augenzeuge von
der Sache spricht. Die Vermuthung des Herausgebers der *Relicks of Anc. Engl. Poetry* —
„daſs eben dieser Becher, der vielleicht nur
eine zufällige Zierath gewesen, in der Folge
zu dem Wahn, daſs Rosemunde vergiftet worden, Anlaſs gegeben haben könnte," — steht
auf einem sehr schwachen oder vielmehr auf
gar keinem Fuſse. Diese populare Sage hat
sich, wie viel eher zu vermuthen ist, bald
nach dem Tode dieser Dame zu einer Zeit
entsponnen, da Heinrichs groſse Liebe zu ihr,
und die Eifersucht der Königin, und die Umstände, welche der Meinung, daſs sie ein
Opfer der letztern geworden, einen Anstrich
von Wahrscheinlichkeit gaben, noch in fri-
schem Andenken waren. Wie ein Becher bloſs
zufälliger Weise zu der Ehre hätte kom-

men sollen, seine Verzierung auf Rosemundens Grabstein zu werden, ist nicht wohl begreiflich. Hingegen konnte sich binnen vierzig bis funfzig Jahren jene Volkssage gar wohl fest genug gesetzt haben, um begreiflich zu machen, warum man den Becher als Symbol ihrer nun allgemein geglaubten Todesart auf ihren Grabstein hauen liefs. Denn so viel Zeit war wenigstens zwischen Errichtung des letztern und Rosemundens Tod verflossen, wenn man auch mit dem neuern Geschichtschreiber Karte annimmt, dafs Rosemunde erst kurz vor dem Aufstand der Söhne Heinrichs gegen ihren Vater, der im Jahre 1173 ausbrach, gestorben, und die von König Johann dem Kloster zu Godstow gemachte Schenkung bald nach seiner Wiederaussöhnung mit der Kirche im Jahre 1213 erfolgt sey.

Auch der berühmte Labyrinth oder *Bower* der Rosemunde (ein andrer Hauptumstand der fabelhaften Sage, die der bekannten Ballade zum Grunde liegt) scheint, eben so wie ihre vorgebliche Vergiftung, aus einem blofsen Mifsverstande, und aus der herrschenden Volksneigung, bey der kleinsten Veranlassung einer ganz natürlichen und gewöhnlichen Sache eine wunderbare Gestalt zu geben, entstanden zu seyn. *A Bower* oder

a boure (wie diefs Wort im dreyzehnten Jahrhundert geschrieben wurde) bezeichnete damahls ungefähr eben das, was die Franzosen
ein *Apartement* nennen. Rosemunde, sagt
ein alter prosaischer Parafrast der versificier-
ten Kronik des Robert von Glocester, [1]
hatte Zimmer, (*boures*) die ihr König Heinrich erbauen lassen, in den königlichen Schlös-
sern zu Waltham, Winchester, im Park von
Freemantel, zu Martelston, zu Woodstock,
und an viel andern Orten. Diese Zimmer be-
hielten noch lange hernach den Nahmen *Ro-
samonds - Chamber;* und Leland erwähnt in seinem *Itinerarium* eines Thurmes
in dem stattlichen alten Schlosse zu Picke-
ring in Yorkshire, der noch zu seiner
Zeit (unter König Heinrich dem Achten) Ro-
samunds Thurm genannt wurde. Zur Be-
stätigung dafs *Bower* und Zimmer einerley
war, findet sich in dem Lateinisch verfafsten
Inventar der königlichen Möbeln, oder der

---

1) Warton, der mir diese *Facta* und ihre
Quellen verschafft, setzt die Zeit, da dieser Mönch
seine Kronik geschrieben, um das Jahr 1280. Sie
beginnt mit dem fabelhaften Stifter der Englischen
Monarchie Brut, und geht bis auf Eduard den
Ersten.

so genannten *Pipe-roll* aus König Heinrichs des Dritten Zeit, eine *Camera Rosa-
mundae* zu Winchester erwähnt, welche
nach der natürlichsten Vermuthung, nicht
(wie Warton meint) ein Zimmer wo Rosemundens Bildniſs hing, sondern das nehmliche
Zimmer war, welches Heinrich der Zweyte
vermöge des vorangeführten Zeugnisses zu
Winchester für sie hatte einrichten lassen.
Rosemunde hatte also nicht nur ein *Bower*
oder Apartement zu Woodstock, sondern
allenthalben wo sich der König ihr Liebhaber
aufzuhalten pflegte. Wahrscheinlich hatten
diese Zimmer einen geheimen Zusammenhang
mit den königlichen, oder waren sonst so
angebracht und eingerichtet, daſs niemand
als der König selbst, oder wer die Erlaubniſs
dazu von ihm erhielt, den Zugang zu selbi-
gen finden konnte. Vielleicht war auch das
zu Woodstock, weil Rosemunde sich während
der Abwesenheit des Königs daselbst aufhielt,
noch behutsamer und geheimniſsvoller gebaut,
und dieſs gab in der Folge, als die Geschichte
dieser Schönen nach und nach mit allerley
romantischen Zusätzen ausgeschmückt wurde,
Gelegenheit zu der Fabel von ihrem labyrinth-
ähnlichen *Bower* zu Woodstock. Nachdem
dann einmahl die Idee von Labyrinth damit
verbunden war, so begreift sich von selbst,

wie man auch darauf verfiel, andere Umstände
aus der Geschichte des T h e s e u s (der sich
mit Hülfe eines von A r i a d n e n empfangnen
Zwirns in den Labyrinth von K r e t a hinein
und wieder heraus gefunden) hinzu zu thun,
und der Sache dadurch einen stärkern Anstrich von Romanhaftigkeit zu geben.

Auf diese Weise bekommt nun freylich
die Geschichte der schönen Rosemunde eine
sehr glaubwürdige aber auch ziemlich alltäg-
liche Gestalt: dafür thut sie aber auch in derselben die Wirkung nicht, welche sie in der
Volkssage thut. Der Verfasser der Ballade,
A d d i s o n, der Urheber der Englischen Oper
Rosamond, und der Verfasser des Deutschen
Singspiels dieses Nahmens, hielten sich, wie
billig, an die letztere. Denn was gehen den
Dichter die historischen Umstände einer Begebenheit an? Bey ihm ist die Frage nie, wie
eine Sache sich wirklich zugetragen, sondern,
wie sie sich hätte zutragen müssen, um so
angenehm, unterhaltend oder rührend zu seyn
als es sein und des Lesers Interesse ist, sie
zu machen.

RICHARD LÖWENHERZ

UND

BLONDEL.

Eine Anekdote aus der alten Geschichte der
provenzalischen Dichter. 1777.

Richard, genannt Löwenherz, *(Coeur de
Lion)* dritter König von England aus dem
Hause Plantagenet oder Anjou, und zwey-
ter Sohn König Heinrichs des Zweyten, be-
stieg den Englischen Thron im Jahre 1189.
Kurz zuvor hatte der edelmüthige Sultan Sa-
ladin Jerusalem und das heilige Grab (das
durch den abenteuerlichen Fanatismus der Ritterzeit das Grab etlicher hundert tausend
Europäischer Christen wurde) nach der berühmten Schlacht bey Tiberias wieder eingenommen, und dadurch Europa von neuem
mit allgemeinem Eifer entflammt, die durch
diesen Verlust, nach damabliger Vorstellungs-
art, auf die ganze Christenheit gefallene Schmach
wieder zu tilgen und zu rächen. König Richard, der tapferste und ritterlichste Fürst
seiner Zeit, war auch der, bey welchem dieser Eifer zur heftigsten Leidenschaft auflo-
derte. Um in jenen geldarmen Zeiten die zu
seinem vorhabenden Kreuzzuge nothwendigen
Summen aufzubringen, veräußerte er von den

Domänen, Einkünften und Regalien der Krone
so viel er nur immer konnte.   Ich wollte Lon-
don selbst verkaufen, sagte er, wenn ich nur
einen Käufer dazu finden könnte.   König
Filipp August von Frankreich vereinigte
sich mit ihm zu diesem Abenteuer: aber, so
wie Er, seinem persönlichen Karakter und seinem Rang nach, ein Recht zu haben glaubte,
den Agamemnon unter dem vereinigten
Heere der Kruziaten vorzustellen, so hatte
Richard hingegen alle persönlichen Tugenden und Fehler, um die Rolle des Achills
zu spielen. Seine bis zum Romantischen ge-
triebne Unerschrockenheit und Liebe zu Abenteuern erwarb ihn den Beynahmen Löwenherz, und machte ihn zum Helden eines der
berühmtesten Ritterbücher des dreyzehnten
Jahrhunderts. [1) Sein Nahme ward so furchtbar unter den Sarazenen und Türken, dafs
die Mütter, um ihre kleinen Kinder zum
Schweigen zu bringen, sie mit dem König
Richard bedräuten.   Joinville, der in
seinem Leben des heiligen Ludwigs diesen Umstand erzählt, setzt noch einen andern

---

1) S. Wartons *History of English Poetry.*
Vol. I. 3 und 4.

hinzu: Wenn die Araber ritten, und ihre Pferde
von irgend einem ungewöhnlichen Gegenstande
stutzig wurden, so pflegten sie, indem sie
ihnen den Sporn gaben, zu sagen: Wie?
meinst du, du sehest den König Richard? Ich weifs nicht ob sich ein stärker zeichnender Zug denken läfst. Die Ro-
manciers dieser Zeiten fanden etwas so wun-
dervolles in den ritterlichen Thaten dieses
Prinzen, dafs sie sich nicht anders zu helfen
wufsten, als vorzugeben, er sey im Besitz des
in der fabelhaften Geschichte des Königs Ar-
tus so berühmten magischen Schwertes, Ka-
liburn oder Eskalibor genannt, gewesen; wiewohl der Roman von König Ar-
tus sagt, sein Schildknappe habe solches auf
Befehl seines Herrn nach dessen Tod in die
See geworfen.

Indessen blieben doch alle Grofsthaten dieses Helden und seiner Mitverbundenen ohne
den abgezielten Erfolg. Eine fatale Eifersucht trennte die christlichen Fürsten, und
entkräftete eine Macht, die durch Eintracht
den Sarazenen hätte verderblich seyn können.
König Richard selbst war zu stolz und zu
heftig in seinen Leidenschaften, um die übrigen seine persönliche Überlegenheit nicht zu-
weilen stärker fühlen zu lassen, als die Klug-

heit es erlaubte. Der König von Frankreich,
der Herzog von Burgund, Leopold Herzog
von Osterreich, (der nach dem unglücklichen
Tode des Kaisers Friederich Rothbarts
und seines Sohnes an der Spitze der Deutschen Kruziaten geblieben war) trennten sich
von ihm gerade zu einer Zeit, da man die
gröſste Hoffnung hatte, Jerusalem den Händen der Ungläubigen wieder zu entreiſsen.

Richard blieb allein; und die Frucht
aller seiner Heldenthaten war, nebst der Er-
oberung von Askalon, ein Waffenstillstand,
wodurch den Christen der Besitz des Wenigen, was sie mit so groſsem Aufwand wieder
gewonnen hatten, und die Freyheit das heilige Grab zu Jerusalem ungehindert zu besu-
chen, auf drey Monate, drey Wochen,
drey Tage und drey Stunden versichert
wurde.

Unternehmungen, wie diese, wo groſse
Monarchen ihre Erbländer verlassen und an
Menschen und Geld erschöpfen, um in einem
entlegenen Welttheil ohne Plan und festen
Zweck Abenteuer zu bestehen; wo mit unge-
heuern Kräften am Ende — Nichts geschafft,
und die ganze Unternehmung, sogar im Moment der Gewiſsheit eines vollständigen

Erfolgs, mit eben dem Schwindelgeiste, womit sie begonnen worden, wieder aufgegeben wird: eine solche Art zu verfahren, muſs uns, nach den Grundsätzen einer gesundern Politik beurtheilt, unsinnig vorkommen. Aber die Kreuzzüge, und besonders König Richards seiner, müssen aus dem damahls in ganz Europa herrschenden Taumel der irrenden Ritterschaft erklärt werden. Richarden war es blofs darum zu thun, in die entlegensten Länder auf ritterliche Abenteuer zu ziehen, sich mit Sarazenen und Riesen und Löwen herum zu schlagen, und den Minstrels, die ihn begleiteten, Stoff zu Romanzen und Ritterbüchern zu geben. Diesen Zweck hatte er erreicht, und das Übrige bekümmerte ihn wenig. Entwürfe auf bleibende Eroberungen, Unternehmungen, von welchen eine dauerhafte Ruhe die Frucht wäre, kamen damahls nicht in die Köpfe der Helden. Man trieb und taumelte sich herum, ohne einen andern Zweck dabey zu haben, als sich herum zu treiben; man lebte, so zu sagen, von den Abenteuern des Tages; und man wollte sich selbst und andern immer noch Arbeit für den folgenden übrig lassen. Diefs war der Geist der Ritterzeit!

Richard hatte bey der Belagerung von Askalon und bey andern Gelegenheiten den

Herzog oder Markgrafen von Österreich, Leopold, auf eine sehr empfindliche Art belei-
digt, und Leopold, dem es an Muth fehlte
sich die Genugthuung eines Ritters zu verschaffen, (die ihm Richard nicht verweigert
haben würde) hatte sich mit dem verschlosse-
nen Grimm einer ohnmächtigen Rachbegierde
nach Hause begeben. Aber, was er wahr-
scheinlicher Weise nicht hoffen konnte, —
eine Gelegenheit, Rache an seinem Feinde
zu nehmen ohne seine eigne Person in Gefahr
zu setzen, — spielte ihm das Schicksal und
Richards Unvorsichtigkeit ganz unvermuthet
in die Hände. König Richard, durch die ein-
heimischen Unruhen seines Reichs und den
unedeln Einfall des Königs Filipp in seine
Französischen Erbländer zur Rückkehr gezwungen, hatte bey Aquileja Schiffbruch erlitten, und an diesem Orte die Kleidung eines
Pilgrims angelegt, um unerkannt seinen Weg
durch Deutschland zu nehmen, weil er in
Frankreich nicht sicher zu seyn glaubte. Um
den Nachstellungen des Guvernörs von Istrien
zu entgehen, nahm er einen Umweg über
Wien; und hier verrieth er sich durch einen
Aufwand und Freygebigkeiten, die an einem
Pilgrim um so mehr Aufmerksamkeit erregten,
da er zu sehr das Air eines Helden hatte,
um für das angesehen zu werden, was seine

schlechte Kleidung ankündigte. Kurz Richard wurde entdeckt, angehalten, und nach
Linz in ein enges, der königlichen Würde
höchst unanständiges Gefängnifs gebracht.
Und hier soll ihm die Avantüre begegnet seyn,
welche der Stoff der gegenwärtigen Erzählung ist.

Richard hatte seine Jugend meistens in
seinen Französischen Erbländern, und einen
ziemlichen Theil derselben in der Provence
gelebt, wo die Kunst des Gesangs um diese
Zeit in der höchsten Blüthe stand, und nicht
nur eine der gemeinsten Ergetzlichkeiten der
Grofsen bey Gastmählern und Festivitäten
ausmachte, sondern auch von vielen unter
ihnen selbst mit Ruhm getrieben wurde —
wie es im zwölften und dreyzehnten Jahr-
hunderte bey uns Deutschen auch war. Hier
sog Richard die sonderbare Liebe zu der
Kunst der Trübadurs oder Minstrels
ein, die ihn sein ganzes Leben durch nie
verliefs. Ja die Liebe, welche von jeher
so viel Sänger gemacht hat, machte auch ihn
zum provenzalischen Dichter; denn das Pro-
venzalische wurde damahls für angenehmer
und singbarer als das Französische, und für
die eigentliche Sprache der zärtlichen Leidenschaften gehalten. In der Folge war sein

Hof, wie der des Landgrafen Hermann von Thüringen, ein Sammelplatz der berühmtesten Minstrels seiner Zeit, unter welchen Fouquet von Marseille, Anselm Faydit und Blondel de Nesle als seine Lieblinge genannt werden.

Der letzte hatte auf dem vorerwähnten Kreuzzuge (wohin dem Französischen Adel, nach Massieus Ausdruck, ganze Legionen Dichter folgten) sich besonders dem König Richard gewidmet, und war ein Augenzeuge, ohne Zweifel auch ein Sänger seiner vornehmsten Thaten gewesen — wiewohl um diese Zeit die Bestimmung der Dichter von der Würde, die sie in den ältern Zeiten der Barden und Skalder behauptet hatte, schon ziemlich herab gesunken war. Denn ehemahls wurden die Barden als von den Göttern begeisterte Männer angesehen, und ihr Amt war ein heiliges und öffentliches Amt. Es war für sie Pflicht, die Kriegsmänner ihres Volkes auf ihren Heerzügen zu begleiten, ihnen den Schlachtgesang zu singen, Beobachter und Richter ihrer Heldenthaten zu seyn, und nach geendigter Schlacht den Tapfern durch Siegesgesänge zu belohnen, den Feigen hingegen durch Verachtung und Spott zu brandmarken. Diese Bestimmung bezog sich

unmittelbar auf die Verfassung der alten Cel-
tischen, Germanischen und Nordischen Völker — roher, wenig zahlreicher, von Jagd,
Raub und Krieg lebender Haufen, in denen
das Gefühl der Freyheit, mit dem Drang der
gemeinsamen Noth verbunden, diesen G e m e i n-
h e i t s g e i s t, dieses f ü r E i n e n M a n n S t e-
h e n hervorbrachte, wovon große policierte
Nazionen, vermöge ihrer bürgerlichen und mili-
tärischen Verfassung, keinen Begriff mehr haben; wo jeder allen und alle jedem angehör-
ten; wo eines Mannes persönliche Tugend als
ein Eigenthum und gemeines Gut seiner K a s t e
oder seines G a u s angesehen wurde, und
Verachtung des Lebens, wenns d i e g e m e i n e
S a c h e galt, die erste aller Tugenden war,
und es, wofern die kleine Nazion sollte bestehen können, seyn mußte.

Aber all dieß fand, bey so sehr veränder-
ten Umständen, unter den Nachkommen dieser Völker in den Z e i t e n d e r R i t t e r-
s c h a f t u n d d e r K r e u z z ü g e nicht mehr
Statt. Die F e u d a l v e r f a s s u n g hatte,
durch ganz natürliche Folgen, jenen Gemein-
heitsgeist beynahe ganz ausgelöscht. Die V a-
s a l l e n waren mehr oder minder mächtige,
und die mächtigsten unter ihnen beynahe ganz
unabhängige H e r r e n geworden. Jeder beküm-

merte sich nur um sich selbst, dachte nur auf
seine eigne Erhaltung und Vergröfserung, und
hielt seinen eigenen Hof. Die zufälligen Ver-
bindungen der Noth oder des Eigennutzes,
die der Moment knüpfte, löste der Moment wieder auf; persönliche Freundschaften,
unter den Rittern, und (wiewohl höchst selten) persönliche Treue gegen den Oberlehns-
herrn, waren noch die einzigen Bande, welche Stärke genug hatten Probe zu halten, und
wohl gar das ganze Leben auszudauern. In
solchen Umständen konnten die Musenkünste nicht mehr die Wunder thun, die sie
ehemahls gewirkt hatten. Sie waren nicht
mehr unentbehrliche Triebfedern, nicht
mehr Zunder und Nahrung des Gemeingeistes;
der Dichter und Sänger war nicht mehr ein
Diener des Staats. Stufenweise, so
wie die Verfassung, Umstände und Sitten der
Staaten selbst sich änderten, sanken sie zu
blofsen Künsten des Vergnügens herab,
und machten einen Theil des Luxus ihrer
Zeit aus. Die Trubadurs und Minstrels
wurden eine Art von Hofdienern, die man
zur Pracht und zum Zeitvertreib hielt; man
liebte, man ehrte sie sogar noch: aber weniger um ihrer wirklichen Verdienste willen, als
weil sie sich zur Belustigung der Grofsen unentbehrlich zu machen wufsten; weil man

ihre *Lays* und *Fabliaux* liebte, und weil
Poesie, Musik und pantomimische
Kunst, die sich in der Folge wieder von
einander trennten, damahls nur eine einzige
Profession ausmachten und von einerley Mei-
stern getrieben wurden. Die Grofsen moch-
tens zwar noch immer (wie natürlich) wohl
leiden, wenn sie von ihren Diohtern besun-
gen würden: aber das Lob, das sie erhielten,
war weniger der verdiente Preis ihrer Tugenden, als Kitzelung ihrer Eitelkeit, und konnte
auch nicht wohl mehr seyn, da doch am Ende
der am meisten gelobt wurde, der am besten
bewirthete und die reichsten Geschenke gab.
— Doch diefs ist ein Nebenpfad, dessen Ver-
folg uns zu weit von unserm Gegenstande
führen würde.

Blondel hatte den König Richard auf
seiner Rückreise aus dem heiligen Lande begleitet; aber durch den Sturm, der den König
an die Küste von Istrien warf, war das
Schiff, worauf dieser Minstrel sich befand,
in die Lagunen von Venedig getrieben worden. Blondel verfolgte seine Reise durch
Deutschland und die Niederlande, und forschte
allenthalben fruchtlos nach dem König, seinem
Herrn und Freunde. Er kam endlich nach
England: aber auch da wufste man nicht,

was aus Richarden geworden seyn könnte; denn seine Gefangenschaft blieb ein ganzes Jahr lang ein Geheimniſs. Der Minstrel beschloſs seinen geliebten Herrn auszufinden, und wenn er ihn auch in der ganzen Welt suchen müſste. Er reiste lange vergebens, bis endlich ein dumpfes Gerücht, oder eine Vermuthung, die durch die ihm woblbekannte Erbitterung zwischen Richard und Leopold wahrscheinlich gemacht wurde, ihn in die Staaten des letztern leitete.

Nachdem er sie viele Tage lang durchwandert hatte, ohne auf eine nähere Spur zu kommen, langte er zuletzt bey einem alten Schloſs an, in dessen Thurm ein Gefangener (wie er ausforschte) scharf bewacht wurde. Wiewohl ihm niemand etwas näheres sagen konnte, so schlug ihm doch gleich das Herz, daſs es sein Herr seyn könnte. Da es aber unmöglich war, sich auf irgend eine gewöhnliche Art, ohne verdächtig zu werden, davon gewiſs zu machen; so versuchte ers folgender Maſsen. Er fand Mittel, spät in der Nacht so nahe an den Thurm und unter das Fenster des Gefangenen zu kommen, daſs seine Stimme von diesem gehört werden konnte; und nun, nachdem er auf seiner Cither eine Weile präludiert hatte, fing er ein Lied an,

welches Richard selbst in Palästina zu einer
Zeit gemacht hatte, da er seiner Liebe zu
der schönen Margerite Gräfin von Hen-
negau am stärksten nachzuhangen Gelegenheit gehabt. Denn die Gräfin hatte, nach
dem Beyspiel der meisten Damen dieser Zeit,
sich auch mit dem Kreuz bezeichnen lassen,
und war ihrem Gemahl nach dem heiligen
Lande gefolgt. Da es unsern Lesern wenig
Trost geben möchte, wenn wir ihnen (falls
wirs auch könnten) dieses *Lay* in der provenzalischen Sprache, worin Richard es gesetzt, vorsingen liefsen; so haben wir versucht, es, so gut es gelingen wollte, in unsre
Muttersprache überzutragen — herzlich wün-
schend, dafs es wenigstens mehr von der Kraft
und Treuherzigkeit des Originals in sich haben möchte, als die galantifierte Übersetzung
der Mselle l'Heritier. ²)

Blondel also fing zu singen an, wie
folget:

---

²) In einem kleinen, wenig bekannten Roman,
der den Titel führt: *La tour tenebreuse et les
jours lumineux, Contes Anglois, tirés d'anciens
Manuscrits, contenant la Chronique, les Fabliaux et
autres Poesies de Richard I. surnommé Coeur de
Lion. Paris* 1705. 12.

Brennend tobt' in mir das Fieber,

Sengte jedes Lebensband,

Meiner Augen Licht ward trüber,

Und herüber

Aus dem finstern Schattenland

Streckte schon der Tod nach mir die kalte

Hand.

Da kam mein Lieb mit holdem Blick

Und Tod und Fieber wich zurück.

Hier hielt der Minstrel ein; denn das Lied hatte bey jeder Stanze einen Refrein; und er zweifelte nicht, wenn der Gefangene derjenige wäre, den er suchte, so würde er sich bey dieser Gelegenheit verrathen.

Seine Erwartung betrog ihn nicht. Eine dumpfe, aber, wie er wohl hörte, des Gesangs gewohnte Stimme aus dem Innern des Thurms hervor, vollendete die Stanze mit folgendem Refrein:

Ich sag' es ohn' Erröthen,

Das süße werthe Weib

Es hilft in allen Nöthen,

Und tröstet Seel' und Leib.

Blondel fuhr fort:

Ringsum mit Gefahr umfangen
Focht ich in der wilden Schlacht;
Dicht, wie Gottes Hagel, drangen
Spiels' und Stangen
Auf mich ein mit aller Macht;
Schon ersank mein Arm und um mich her
     ward's Nacht:
Da rief ich meine Dame an,
Und Sieger blieb ich auf dem Plan.

Die nehmliche Stimme antwortete:

Ich sag' es ohn' Erröthen,
Das süsse werthe Weib
Es hilft in allen Nöthen,
Und tröstet Seel' und Leib.

Blondel beschlofs mit der letzten Stanze
des Liedes:

Lafst das Feldgeschrey erschallen,
Wie im ungestümen Meer
Winde brausen, Donner knallen,
Alles fallen,
Alles splittern um mich her,
Hohes Muthes wird mein Herz doch nimmer
    leer:

Kein Schicksal ,mich zu Boden fällt,
So lang' die Lieb' empor mich hält.

Die Stimme antwortete abermahl:

Ich sag' es ohn' Erröthen,
Daſs süſse werthe Weib
Es hilft in allen Nöthen,
Und tröstet Seel' und Leib.

Groſs war Blondels Freude; denn er
konnte nun kaum zweifeln, daſs es König Richard sey, der ihm geantwortet: aber um
sich gleichwohl noch völliger zu überzeugen,
setzte er aus dem Stegreif die vierte Stanze
in der nehmlichen Weise hinzu:

Neid und feige Rachgier lauern
Nachts im Wald dem Löwen auf,
Zwingen ihn in finstern Mauern
Auszudauern;
Treue leitet Blondels Lauf:
Harre, Löwenherz! bald springt dein Kerker
auf!

Und alsobald antwortete die Stimme, gleich-
falls aus dem Stegreif:

O wäre Margot nur bey mir,
Der Himmel, spräch' ich, wäre hier!
Denn — sollt' ich defs erröthen? —
Das süße werthe Weib
Es hilft in allen Nöthen,
Und tröstet Seel' und Leib.

Nun glaubte der getreue Blondel seiner
Sache völlig gewifs zu seyn; aber seinem
Herrn unmittelbare Hülfe zu leisten, war ihm
unmöglich. Indessen hatte Richard wenigstens die Stimme seines geliebten Minstrels
erkannt, und er mochte nun glauben, dafs es
Blondel selbst oder sein Geist gewesen
sey, immer mufst' es ihm Trost und Muth
geben, nach einer so langen Todesstille und
Verlassenheit von allem was ihm lieb war,
eine Freundesstimme gehört zu haben, die
ihm Befreyung versprach.

Blondel flog nach England zurück, machte
den Baronen des Reichs den Ort bekannt, wo
ihr König gefangen gehalten würde, und be-
förderte dadurch dessen Befreyung, welche
einige Monate darauf — wiewohl mit vieler
Mühe und Umständen, die dem Kaiser Hein-

rich dem Sechsten und dem Herzog Leopold
wenig Ehre machen — auch wirklich erfolgte.
S. *Fauchet Recueil de l'origine de la Lan-
gue et Poesie Françoise*, p. 93.

ENDE DES XVI. BANDES.